# 고전으로 세상읽기

오늘을 살며, 내일을 본다

# 고전으로 세상읽기

장원섭 글

푸른영토

# 추천사

요즘 자기 진영에 유리한 프레임을 짜고, 도를 넘는 사실 왜곡과 가짜 뉴스를 떠들어 대는 사이비 지식인들이 판을 친다. 이 나라가 어찌되려고 이러는지 모르겠다며 친구에게 말했더니, 아직도 그런 일에 관심을 갖느냐며 정치 뉴스나 유튜브는 안 보고 안 듣는 것이 건강에 상책이란다. 이 책은 그런 정치판의 결말을 들려준다. 사안마다 딱 들어맞는 고사들을 통해 역시 역사는 무대만 바뀔 뿐, 세상이치는 그대로 반복됨을 새삼 느낀다.

바쁜 대학 업무에도 이런 귀한 고전들을 골라 책으로 내준 장원섭 박사께 경의를 표한다. 많은 독자들이 이 책을 통하여 우리가 처한 현실을 보다 객관적으로 볼 기회를 갖기를 기대한다.

**이종원(동원대학교 총장)**

고전은 인문학의 진주와 같은 보배이다. 옛 고전이라고 모든 것을 취할 것은 아니지만, 현실을 비판함에 적절한 비유를 고전에서 찾는 일은 우리의 문화를 풍성하게 하는 방법이 된다. 진주와 같은 사자성어로 된 문구에는 장황한 사연이 깔려 있다. 그래서 우리는 이를 전고典故라고 한다.

이 책에는 논어와 맹자 등의 유가적 고전만이 아니라, 자유분방했던 중국 전국시대의 제자백가들의 흥미진진한 고전의 다양한 내용이 인용되고 있다. 그러나 고전의 인용이 우리의 현실에 대한 비판의식과 짝해 있음을 한두 편의 글을 읽어보아도 독자는 알 것이다. 이 책은 앞뒤로 연결된 긴 내용이 아니며 문장이 쉽고 유려하게 쓰여져 독자의 시선을 흥미진진하게 만들어준다. 고전의 사자성구의 핵심은 이 책의 진주와 같은 역할을 할 것이다.

장 교수는 자신의 논리를 전개하면서 적절한 고사를 찾아 깔끔하게 한편의 글을 정리했다. 저자의 역사의식은 주장과 선전이 난무하는 현실을 해결해야 한다는 것에서 출발했음을 확인할 수 있다. 아울러 우리의 척박한 현대 문화에 동양 고전의 진주를 곁들여 계승해야 함을 무언중 강조하고 있다.

**정구복(한국사 전공, 한국학중앙연구원 명예교수)**

저자는 논어論語의 '학이시습學而時習'의 시습時習을 '때에 맞춰 배우고 실천한다'는 가르침으로 받아들였다. '온고지신溫故知新', 옛것에서 새로운 것을 찾아 현실에 적용하고자 힘써온 끊임없는 지적 탐구의 결실이다. '바람 풍風'을 '바람 평'하고 가르치던 '이 빠진 옛 서당의 노인 훈장'의 모습에서 벗어나지 못한 오늘날의 지식인을 향한 청량한 한 줄기 바람으로 다가온다.

**김준철(전 경민대학교 교수)**

오늘날 우리는 저마다 쏟아내는 이른바 '지혜의 홍수' 속에서 살고 있다. 그러나 저자처럼 고전古典을 통해 그 지혜의 진수를 전달하는 이는 드물다. 그래서 어지러운 현실 정치를 진단하고 해석하는 저자의 붓 끝은 언제나 예리하고 때로는 아프다.

혼탁한 세상을 지키는 소금과 같은 그의 글이 마침내 책으로 세상에 나오니 반갑고 고마울 뿐이다. 저자 특유의 촌철살인의 날카로움과 쾌도난마의 해법을 통해, 역사 속의 고전이 우리에게 주는 엄중한 교훈을 다시 새겨야 할 것이다.

**김경규(전 성신여자대학교 교수, 교양교육대학 학장)**

21세기 대한민국의 정치는 길을 잃었다. 정치가 국민을 갈가리 찢어 놓고 그것도 모자라 국민 세금을 아까운 줄 모르고 물 쓰듯 한다. 오늘날 정치한다는 자들은 좌우를 막론하고 하나같이 자신의 미래만 추구할 뿐, 나라와 국민은 안중에도 없다. 이러한 시기에 평소 존경해 마지않는 석호 형이 그동안 써온 칼럼을 모아 책을 낸다니 너무 반갑다.

오래전부터 석호石湖 형의 적확한 역사 해석에 탄복해 왔다. 그 해박한 지식과 고전에 대한 정확한 해설, 현실에의 적용은 부러울 뿐이었다. 이제라도 이익에 눈먼 정치인들이 이 책을 통해 도덕성과 선비정신을 회복할 수 있었으면 하는 간절한 바람을 가져본다.

**홍성걸(국민대학교 교수)**

고전古典은 오늘을 사는 우리에게 거울이다. 교수님은 유구한 중국 역사 속에 담긴 고전의 지혜를 깊은 이해와 해박한 지식으로 쉽게 설명하고 있다. 그의 해석은 한 자, 한 자가 주옥과 다름없다[引經據典, 深入淺出, 言之鑿鑿, 字字珠璣]. 교수님의 고전에 대한 현대적 적용은 독자에게 통렬함과 함께 두려움을 느끼게 만드는 힘이 있다. 중국 5천 년을 관통하는 역사 속의 지혜가 이 책 한 권에 담겼다. 역시 추천할 수밖에 없는 수작이다!

**王艳丽(中国 吉林大学 外国语学院 副教授)**

# 서문

노魯나라 대부大夫 계강자季康子가 찾아와 정치를 묻자, 공자가 대답했다.

"정치란 올바름正 그 자체이니, 그대가 올바름으로써 솔선한다면, 감히 누가 부정不正을 행할 수 있겠는가?[政者, 正也. 子帥以正, 孰敢不正?]"

공자는 "정政의 의미는 곧 정正"이라고 풀이하였다.

그리고 덧붙인다.

"정치하는 자 스스로—자신의 몸을 바르게[正] 할 수 있으면 정치[政]를 함에 무슨 어려움이 있겠는가? 그런데 자신을 바르게 할 수 없다면 어떻게 남을 바로잡을 수 있겠는가?[苟正其身矣, 於從政乎何有? 不能正其身, 如正人何?]"

자신을 바로잡는[正] 일이 바로 남을 바로잡는[正] 일, 곧 정치[政]라는 것이다. 공자는 『논어』를 통해 정치의 본질은 최고지도자부터 자신을 바르게 하는 데에 있음을 강조한다. 지도자 자신이 올바른 후[正己]에야 비로소 남을 올바르게 다스릴 수 있다[正人]는 논리이다. 정기正己는 수신修身을 의미하고, 정인正人은 백성을 다스리고[治人], 나라를 다스리는 것[治國]을 의미한다.

정치는 그 사회를 있는 그대로 보여주는 거울과 같다. 그러므로 정치를 보면 내가 이웃과 더불어 살아가는 지금이 얼마나 안정되고 건강한 사회인가를 알 수 있다. 그것은 바로 공자가 지적했던 '정치'라는 덕목의 이해가 2,500여 년이 지난 지금과 조금도 다름이 없다는 의미이기도 하다. 시대가 달라도 사회를 이끌어가는 위정자들의 덕목은 달라지지 않기 때문이다. 동서고금의 숱한 역사가 이를 증명하고 있다. 그래서 오늘날에도 위정자들은 고전에서 그 답을 얻으려고 노력한다.

필자 어린 시절의 몇 가지 꿈 가운데에는, 커서 나라를 이끌어가는 훌륭한 인물의 반열에 오르고 싶은 것도 있었다. 대학에 들어가 역사를 전공하면서 한때는 동서고금의 여러 인물의 행적을 고찰하며 그 꿈을 구체화하려고 노력하기도 했다. 그러나 철이 들면서 내가 꿈꾸던 모습을 이루는 것이 쉬운 일이 아님을 알았다. 내 역량이 거기에는 미치지 못한다고 느꼈기 때문이다.

정치의 길은 선택하지는 않았지만, 정치하는 자들의 행태를 그냥 보고만 있을 수는 없다고 생각했다. 그래서 선택한 것이 글을 쓰는 것이었다. 사회 현상 가운데 가장 비판하기 쉬운 분야가 바로 정치라고 할 수 있다. 그러나 비판은 쉽지만, 그것이 대중적인 공감을 얻기 위해서는 공정한 잣대를 가지고 있어야 한다. 그 잣대가 공정하지 않으면 그 글의 생명력도 없기 때문이다. 글의 생명력은 독자가 부여한다. 그래서 필자는 그 공정한 잣대를 역사 속의 고전古典에서 찾으려고 노력했다.

역사는 반복을 거듭하며 순환한다고 한다. 어느 정도 맞는 말이다. 시대적 상황이 달라도 그 내용의 본질은 같기 때문이다. 최근 우리 사회의 상황을 진단하면서, 150여 년 전 구한말의 상황과 거의 판박이라는 주장에도 수긍이 가는 이유이다. 심지어는 왕조 교체기의 혼란상과 비교하는 주장에도 고개가 끄떡여지기도 한다. 어쩌면, 우리에게 오늘의 혼란상을 극복하기 위해서는 역사의 교훈에서 그 해답을 찾아야 한다는 것을 일러주는 것은 아닐까?

이번에 책으로 엮은 내용은 그동안 여러 매체를 통해 발표했던 칼럼 가운데 선별하여 하나로 묶은 것이다. 여러 해 전에 쓴 글도 있고 최근에 쓴 글도 있다. 그러나 여러 해 전에 발표한 글의 내용이라 하더라도, 지금 벌어지고 있는 정치 행태와 비교해 보면 별로 달라진 것 없이 거의 반복되는 상황이 대부분이다. 그러므로 오래된 글이라고 볼 수도 없다. 주연과 조연의 얼굴과 이름만 달라졌을 뿐이다.

사실 이런 칼럼을 모아 출판하는 데에는 많은 용기가 필요했다. 독자의 정치적 판단에 따라 평가가 달라지기 때문이다. 그럼에도 불구하고 선뜻 출판을 허락해주신 푸른영토의 김왕기 대표님과 직원 여러분께 깊이 감사드린다.

정치의 본질을 묻는 계강자에게 들려준 공자의 대답은 가히 압권이다. 이렇듯 쉽고 단순하며 명쾌한 결론이 있을까? 그런데 정치하는 자들이 매번 그걸 입에 올리면서도 정작 저잣거리에서는 그걸 따르지 못한다.

모쪼록 정치를 하거나, 하려는 사람들이 필자가 제시하는 고전古典을 통해 '참다운 정치 덕목'을 환기할 수만 있다면, 그것이야말로 글쓴이로서의 보람이라고 할 수 있겠다.

2023년 4월

양주 천보산天寶山 자락에서

석호石湖 장원섭

# 차례

## 제3장 | 채우면서 작음을 깨우치다(舍得)

# 첫 번째 마당

# 먼저
# 백성을
# 배부르게 하라
# (食一碗)

# 食一碗

一碗之食 含天地人

밥 한그릇에 하늘과 땅과 사람이 들어있다

石湖

# 사당 쥐[社鼠]와 주막집 개[猛狗]

## 아무리 성한 나라라도 어찌 망하지 않겠는가?

세상이 온통 구린내로 진동하고 있다. 자고 일어나면 또 다른 인물들이 뉴스의 머리기사를 장식한다. LH 사태로 시작한 공기업의 집단 비리가 마침내 여의도를 강타하기 시작했다. 아니나 다를까? 하나둘 드러나는 모양새가 마치 새끼줄로 엮은 양미리 묶음처럼 심상치 않아 보인다.

칼날이 권력의 중심부로 향하면서 가히 점입가경이다. 처음에는 그저 실세 탐관오리 몇 명이 드러나는 정도에 그치겠지 했는데, 이번에도 역시나 그 추이를 가늠하기 어려워졌다. 부정부패의 고리가 끝을 알 수 없을 정도로 이어지고 있다. 구린내 나는 세상의 끝은 어디일까?

부정부패는 사회 구성원이 권한과 영향력을 부당하게 사용하여 사회질서에 반하는 사적 이익을 취하는 것을 말한다. 1986년 노벨 경제학상을 수상한 미국의 경제학자 제임스 뷰캐넌James M. Buchanan은 부정부패의 원인을 정부의 지나친 경제 개입이며, 권력을 가진 자들이 그들의 권력을 남용하는 데서 비롯된다고 했다. 문제는 이들이 일단 권력의 중심에 들어가 둥지를 틀면 솎아내기가 여간 쉽지 않다는 데에 있다.

송宋나라에 술을 잘 빚는 이로 소문난 장씨莊氏가 주막을 열었다. 그가 빚은 술은 맛이 뛰어났기 때문에 몰려드는 사람들로 항상 북적거렸다. 그런데 어느 날부터 술이 잘 안 팔리기 시작했다. 영문을 몰라서 하던 주인 장씨가 동네 어른을 찾았다.

"당신 집에 기르는 개가 사납기 때문일세."

그가 되물었다.

"개와 술이 무슨 상관이 있습니까?"

"무섭기 때문이라네. 사람들은 보통 어린아이들을 시켜 술을 사오게 하는데, 심부름하는 아이들은 개가 무서우니 당신 주막집을 가지 않고, 다른 주막집을 찾는다네. 그러니 당신 집 술이 안 팔리는 걸세."

한비자는 계속해서 "나라에도 사나운 개[猛狗]가 있다"라고 하면서, 그런 부류들은 바른 생각으로 바른 정치를 하려는 사람들을 끊임없이 몰아내려고 한다고 지적한다. 이런 상황에서는 어질고 정직한 자들은 궁궐에 들어가려고 하지 않는다. 갈수록 궁궐에 사나운 개들만 득실거리게 되는 이유이다. 이 대목에서 한비자는 제환공과 관중의 대화를 소개한다.

제환공이 물었다.

"나라를 다스리는 데 무엇을 가장 걱정해야 하는가?" 관중이 잘라 말한다.

"사당社堂의 쥡니다."

환공이 다시 물었다.

"왜 사당의 쥐가 걱정거리인가?"

관중의 대답은 명쾌하다.

"사직단은 지신地神과 곡신穀神을 모시는 곳으로 신성한 곳입니다. 사당을 지을 때 나무를 세우고 진흙을 바르지만, 쥐가 그 틈을 만들어 구멍을 파고 그 속에 들어가 몸을 의탁합니다. 이 쥐를 잡으려고 연기를 피우자니 사당이 탈까 걱정이요, 물을 대서 죽이자니 사당의 칠이 벗겨지고 흙이 무너질까 걱정입니다. 이것이 사당의 쥐를 쉽게 잡지 못하는 이유입니다. 나라 안에도 사당의 쥐 같은 간신들이 바로 군주의 측근에 있습니다. 이들은 밖에 나가서는 권세를 부려 막대한 부富를 쌓고, 안에 들어오면 저들끼리 패거리를 지어 국정을 농단합니다. 그런 걸 뻔히 알면서도 그들을 쉽게 잡아들이지 못합니다."

한비자는 법가의 대가大家답게 일갈한다.

"주막집 개[猛狗]처럼 간신이 충신을 물어뜯고, 사당의 쥐[社鼠]처럼 군주를 어지럽힌다면 아무리 성한 나라라도 어찌 망하지 않겠는가?"

『한비자韓非子』「외저설우상外儲說右上」에 실린 고사로, 오늘날 '주구사서酒拘社鼠'라는 성어로 회자되는 이야기다. 이 고사는 『안자춘추晏子春秋』 후인척집后人摭集에도 실려 있다.

오늘날 드러나고 있는 우리 사회의 고질적인 병폐는 과거처럼 몇몇 탐관오리들이 패거리를 지어 권력을 휘두르거나 국정을 농단하는 데에만 국한되는 것이 아니다. 이제는 아예 막강한 권력을 가진 정부 기관이 통째로 곪을 대로 곪아서 부정부패의 온상이 되어 있다는 점이 큰 문제가 되고 있다. 임명장을 받을 때 국가와 민족을 위해 열심히 봉사하겠다는 약속을 하면서도, 문서에 잉크가 채 마르기도 전에 벌써 구린내가 진동하는 꼴이다.

옥玉을 다루는 장인丈人은 가끔 옥처럼 보이는 돌 때문에 난감해한다는 말이 있다. 마찬가지로 회사를 망칠 부하는 충직해 보일 수 있고, 나라를 망하게 하는 탐관오리는 충신으로 보일 때가 있다. 알고 보면 그게 바로 사당의 쥐[社鼠], 주막집의 개[猛狗]에 다름 아니다.

"내가 가장 두려운 건 저놈처럼 될까 봐야. 그게 제일 겁나. 저놈도 처음에 안 그랬을 거 아니야?”

직장인들의 아픔을 담아 인기리에 방영되었던 드라마 ‘미생未生’에서 한석률이 직속 상사 성대리 때문에 속상해하면서 독백처럼 내뱉은 말이다.

얼마 전에 모 정치인이 아침에 자고 일어나 뉴스를 보기가 겁이 난다고 했다. 그러게, 말이다. 뭔가 켕기는 게 있으면 그럴 만도 하리라. 내일은 또 누구의 이름이 머리기사를 장식하려나?

초여름 들녘에 서서 저무는 해를 바라본다. 땅거미가 드리우자 갑자기 등 뒤에서 개 짖는 소리가 들려온다. 나를 보고 짖는 건가? 흠칫 놀라 뒤를 돌아본다.

# 민심의 왜곡歪曲

## 물은 배를 띄우지만, 뒤집어 엎어버리기도 한다.

초楚나라 사람이 연燕나라 재상에게 밤에 편지를 썼다. 그는 하인을 불러 촛불을 들고 가까이에서 비추라고 했다. 그래도 촛불의 밝기가 영 시원치 않자, 그는 붓을 든 채 하인에게 "촛불을 높이 들어라[擧燭]"라고 말했다. 그런데 그만 무심결에 '擧燭'이라는 말을 편지에 써넣었다. 그리고는 확인도 하지 않고 편지를 보냈다. 물론 '촛불을 들라[擧燭]'라는 말은 편지의 내용과는 아무 관계도 없었다.

편지를 받은 연나라 재상은 문장 가운데 촛불을 들라는 문구가 있는 것을 보고 이상하게 여겼다. 잠시 생각하다가 그는 무릎을 쳤다.

"오호라! '촛불을 들라[擧燭]'라는 의미는 '밝음을 존중'하라는 뜻이다. 밝음을 존중하라는 것은 바로 '어진 이[賢者]를 찾아 등용하라'라는 말이로다. 그렇다. 이것이야말로 나라를 다스리는 요체가 아닌가."

이튿날 그 재상은 궁으로 들어가 왕을 알현하여 편지의 내용을 설명하고 이를 정사에 반영할 것을 건의했다. 왕은 크게 기뻐했다. 곧 저잣거리에 방榜이 나붙었고, 실력 있고 명망이 있는 자들이 몰려들었다. 얼마 가지 않아 나라는 잘 다스려졌고 백성들은 왕의 선정을 칭송했다. 『한비자韓非子』「외저설좌外儲說左」 상上에 실려 있는 '영서연설郢書燕說'의 고사이다.

우리 소시민에게는 먹고사는 문제의 해결이 우선이다. 나와 내 가족이 행복하면 우선은 마음에 여유가 생긴다. 대통령 집무실에 일자리 게시판을 내걸며 모든 정책에서 민생을 우선한다는 솔깃한 구호로 시작한 정부였지만, 임기의 마지막 해를 맞는 지금에 이르러 일자리 창출 문제는 오히려 심각해졌다. 민생과 직결되는 대책은 구호만 요란하다. 갈수록 심해지는 빈부 양극화에 국민은 낙담을 넘어 절망한다.

정치는 왜 하는가? 두말할 필요도 없이 백성을 이롭게 하기 위해서다. 백성을 이롭게 하려면 그들이 원하는 것이 무엇인지 먼저 알아야 한다. 그 답은 저잣거리에 있다. 그게 바로 민심이다.

오늘날 정치권의 문제는 바로 민심의 왜곡이다. 민심이 무엇을 원하는지 뻔히 알면서도 저들의 목적에 부합되도록 왜곡시킨다. 때로는 여론과 통계를 조작하는 것도 마다하지 않는다. 모르는 것이 아니라 아전인수식으로 해석하려고 하기 때문이다.

이 고사의 사례처럼 엉뚱한 해석의 결과로 비록 나라는 잘 다스려졌지만, 원래 편지를 보낸 사람의 뜻과는 아무런 관계가 없는 일이었다. 이처럼 어떤 일이나 상황을 해석하면서, 그 뜻을 왜곡하여 자기가 의도하는 방향으로 이끌어가기 위한 수단으로 활용되는 일이 비일비재하다.

한비자는 이 고사를 기록하면서 "적합한 조치가 아닌데도 선왕의 말씀이라고 하여 무조건 그대로 따르려고 하는 것은, 마치 신발을 사러 장에 갔다가 발의 치수를 적어놓은 종이를 두고 왔다고 하며 사지 못하고 돌아가는 일과 같다[夫不適國事而謀先王, 皆歸取度者也]"라고 경고한다.

촛불혁명은 왜 일어났고, 거기에 들어있던 국민의 명령은 무엇이었나? 근본적인 이유는 대통령과 측근들의 비리와 국정농단에 있었다. 촛불 민심의 명령은 먼저 적폐 청산과 공공 개혁으로 적법한 시스템에 갖춘 정의로운 국정운영이었다. 또 하나는 경제 활성화를 통한 민생의 안정이었다. 당시에 분노한 민심의 등에 올라탄 정치인들이 이를 간파하여 재빨리 내걸었던 구호가 바로 "나라다운 나라를 만들겠다"라는 것이었다. 촛불 민심이 환호했던 이유였다.

그로부터 수년이 지난 지금은 어떤가? 모름지기 정치하는 자라면 잊지 말아야 할 것이 있다. 자고로 백성은 그들의 민심이 왜곡되어 기만당했다고 여기면 언제든지 다시 일어선다는 것이다. "물은 배를 띄우지만, 배를 뒤집어 엎어버리기도 한다[君舟民水 載舟覆舟]"라는 선현들의 준엄한 경고를 되새겨야 한다.

촛불 민심에 편승하여 그들이 재빠르게 내걸었던 '나라다운 나라'의 모습은 아직도 오리무중이다. "이게 나라냐?"라고 촛불을 높이 들었던 사람들의 물음에 대하여, 그들은 "이것이 바로 나라다운 나라"라고 대답할 수 있어야 한다.

별 뜻 없이 쓴 용어를 좋은 뜻으로 해석하여 왕의 선정을 끌어낸 연나라 재상의 지혜로움에 비할 바가 아니더라도, 그 뜻이 너무나도 명확한 촛불 민심을 왜곡하는 어리석음은 경계해야 한다. 저잣거리의 민심은 촛불을 들었던 그 간절함을 여전히 잊지 않고 있다.

# 날은 저무는데 갈 길은 더 멀어지고

**모든 일은 올바른 방향을 설정하는 것이 중요하다.**

전국시대의 일이다. 위魏나라 왕이 이웃 조趙나라를 공격하려는 계획을 세웠다. 신하 계량季梁이 이 소식을 듣고 급히 입궐하여 왕을 만났다. 당시 위왕은 천하를 제패하겠다는 야심을 가지고 있었다.

계량이 말했다.

"제가 오던 길에 수레를 몰고 가는 사람을 만났습니다."

위왕이 궁금해서 물었다.

"그래서요?"

계량이 말을 이었다.

"그 사람은 남방의 초나라로 가고 있다고 하면서 북쪽으로 마차를 몰고 있었습니다. 그래서 제가 '초나라로 간다면서 왜 북쪽으로 갑니까?'라고 묻자, 그는 '이 말은 아주 잘 달립니다'라고 엉뚱한 대답을 했습니다. 저는 '말이 아무리 잘 달려도 이쪽은 초나라로 가는 길이 아닙니다'라고 일러주었습니다."

"허허… 저런… 그래서요?"

위왕은 귀를 쫑긋 세웠다.

"그러자 그 사람은 '나는 돈을 넉넉하게 가지고 있고, 마부도 마차를 모는 기술이 아주 훌륭하답니다'라고 말했습니다. 왕께서도 생각해 보십시오. 그 수레는 점점 초나라와 멀어지지 않겠습니까?"

계량은 말을 잠시 멈추었다가 다시 말했다.

"왕께서는 늘 천하를 복속시켜 패왕霸王이 되겠다고 말씀하셨습니다. 그런데 나라가 조금 강한 것만을 믿고 약한 이웃 나라를 공격한다면, 영토는 넓어지겠지만 천하의 인심을 잃는 것이니, 왕의 목표로부터 멀어지는 것입니다. 이는 제가 길에서 만난 사람처럼 초나라로 간다면서 정작 마차를 북쪽으로 몰고 가는 것과 같은 이치가 아니겠습니까?"

위왕은 크게 깨달은 바가 있어 곧 조나라를 공격하려던 계획을 접었다.

이 고사는 수레를 모는 마부처럼 수레의 끌채는 남쪽을 향하고 있는데, 정작 바퀴는 북쪽으로 향하고 있어 목표와 행위가 엇박자를 내고 있음을 풍자하고 있다. 당나라 때 백거이白居易가 지은 『신악부新樂府』「입부기시立部伎詩」 편에 실려 있는 '남원북철南轅北轍'이 라는 고사의 내용이다.

모든 일은 올바른 방향을 설정하는 것이 중요하다. 방향과 방법이 일치하면 최소의 노력으로 최대의 효과를 거둘 수 있다. 정책을 세울 때는 먼저 올바른 방향성을 확보한 후, 어떤 속도로 목표에 도달할 것인지를 생각해야 한다. 그러므로 올바른 방향 설정이 올바른 방법을 선택하는 것보다 우선되어야 한다. 방향이 잘못되었는데 방법이 아무리 좋은들 무슨 소용이 있겠는가?

변이된 코로나가 창궐하면서 전문가들은 4차 대유행을 경고하고 있다. 민심은 갈수록 불안에 떨고 있는데 방역을 책임진 정부는 갈팡질팡하고 있다. 백신을 확보도 하지 않고 예약부터 받은 것도 그렇지만 주사기마저도 부족한 실정이라니 어이가 없다. 지난해 3월 코로나 확산 초기 불거졌던 '마스크 대란'도 양상이 비슷했다. 당시에도 일이 터지고 나서야 뒤늦게 허둥지둥 땜질하는 '뒷북 행정'이 도마 위에 올랐었는데, 1년도 더 지난 지금도 여전히 비슷한 실책이 계속되고 있다.

코로나 확진 판정을 받은 해군 청해부대 34진[문무대왕함·4,400t급 구축함]의 '철수 작전'이 이르면 주말에 시작될 것으로 알려졌다. 군 당국은 34진 장병 전원[300여 명]을 이번 주 국내로 귀환시킬 계획이라고 발표했다. 해외 파병된 함정에서 감염병이 발생해 임무를 중단하고 공군 수송기로 승조원 전원을 귀국시키는 초유의 일이 발생한 것이다.

알고 보니 청해부대에 보낸 백신이 0개라고 한다. 군과 방역 당국은 방역 대책조차 제대로 세우지 않았다는 사실이 드러난 것이다. 앞서 정부는 "북한이 동의한다면 북한에 대한 백신 공급 협력을 적극적으로 추진하겠다"라고 공언해 논란을 불러일으켰었다. 저잣거리에서는 국내 코로나19 백신 접종률조차 아직 전체 인구의 1/4도 못 미쳐 지역사회 전파 차단 수준도 안 되는 상황에서, 정부가 북한만 생각하고 정작 우리 군 장병은 홀대했다는 비판이 나온다. '방역 리더십'이 문제라는 지적이 설득력 있게 들리는 이유이다.

요즈음 사람들 사이에서는 150여 년 전의 구한말 상황이 회자되고 있다. 그만큼 지금 우리가 타고 있는 수레가 방향을 잃고 있다는 우려의 목소리가 크다는 것이리라. 그런데도 수레를 모는 사람들은 아무 탈 없이 잘 달리고 있다고 강변한다. 속도를 말하는 것이 아니라 방향을 지적하는데도 아랑곳하지 않으니 이 무슨 변고인가? 신하 한 사람의 경고를 듣고 수레의 방향을 제대로 잡은 위나라 왕의 듣는 귀가 부러울 뿐이다.

우리가 가야 하는 방향을 제대로 정하는 것이 무엇보다 중요하다. 남쪽으로 가야 하는데 수레를 북쪽으로 몰아가면 어떻게 되겠는가? 날은 저무는데 갈 길은 더 멀어지고 있다.

# 축객逐客

## 어제의 저들은 옳고 오늘의 이들은 그른가?

진왕秦王이 천하를 통일하고 시황제始皇帝로 등극하자 진나라의 종실과 대신들이 자신들의 지위를 높이기 위한 차별화에 나섰다. 이들은 황제에게 글을 올려 진나라 출신을 제외한 다른 나라 출신 신하들은 믿을 수 없으므로 쫓아내야 한다는 주장을 폈다.

이 소식을 들은 진나라 출신이 아닌 이사李斯도 황제에게 상소문을 올렸다.

"무릇 물건이 진秦나라에서 나지 않았더라도 보물로 여길만한 것이 많고, 선비가 진나라에서 태어나지 않았더라도 진나라에 충성하기를 원하는 이가 많습니다. 그런데 이제 밖에서 온 재주 있는 이들[客]을 내쫓아 적국에 보탬이 되게 하고, 찾아온 백성을 버려 원수의 나라에 이익이 되게 한다면, 이는 안으로는 나라를 비게 하고, 밖으로는 그 원망하는 마음을 적국에 옮겨 심게 하는 격이니, 나라가 위태롭지 않기를 바란다고 해도 그렇게 될 수 없을 것입니다."

바로『사기史記』이사 열전에 실려 있는『상진황축객서上秦皇逐客書』라는 명문장이다. 감동한 시황제는 즉시 축객령逐客令을 취소했다.

새 정부가 출범한 지 두 달여가 지나가지만, 아직도 인사 문제를 둘러싸고 곳곳에서 파열음이 그치지 않고 있다. 매번 정권이 바뀔 때마다 장관급 인사 후보자를 둘러싸고 진행되는 모양새도 항상 도돌이표처럼 정해져 있다.

인사청문회가 열리기도 전에 내정자를 둘러싸고 확인되지도 않은 유언비어들이 나돌기 시작한다. 옛말에 "털어서 먼지 안 나는 사람이 없다"라고 했다. '취모멱자吹毛覓疵'라는 성어가 있듯이, 털 한 올 한 올 불어가며 작은 흠터도 찾아내려고 스스로 저격수로 자처하며 악착같이 약점을 파고드는 야박하고 가혹한 행태들이 이어진다.

당연히 인물의 적합성을 놓고 여야의 공방으로 대치 정국이 길어진다. 상황이 이러하니 사실 여부가 확인되기도 전에 당사자는 이미 만신창이가 되기 일쑤다. 이렇게 해서 많은 상처를 입히고 체면을 깎아놓은 상태로 일을 하라고 임명장을 수여하니 당사자는 물론이고 임명권자의 체면도 말이 아니다.

여러 해 전에 새로 출범한 정부에서, 미국의 세계 최고 IT 연구기관 수장으로서 살아있는 IT 신화의 주인공으로 평가받던 한 인사를 삼고초려를 하여 장관 후보자로 지명한 바 있다.

그는 벤처산업의 성공 신화를 우리 사회에 접목하게 시키겠다는 포부를 밝히면서 미국 국적을 포기하고 귀국하겠다고 선언했다. 그러나 인사청문회가 열리기도 전에 장관직 업무수행 능력과는 아무런 상관도 없는 유언비어들이 나돌았다. 그는 오로지 나라를 위해 헌신하겠다는 자신의 의지가 왜곡되는 한국의 정치 현실을 보면서 매우 당혹해했다고 한다.

결국 그는 인사청문회 기회조차도 얻지 못한 채 스스로 사퇴했다. 당시 한 야당 국회의원은 "미국의 이익을 위해 수단과 방법을 가리지 않는 미 CIA 관련자인 '검은 머리 미국인'인 그의 낙마는 지극히 정당했다"라는 황당한 주장으로 일부 진영의 극단적인 편협한 인식을 대변했다. 그러나 당시 야당 일각에서도 "식당 주인이 밥을 짓겠다는데 찰밥이든 흰밥이든 짓게 하지, 왜 민주당은 그러는가 하고 걱정하는 목소리도 있다"라고 언급할 정도였다.

인사人事는 만사萬事라고 한다. 어떤 일을 두고 벌어지는 문제 인식의 차이나 정치적 견해의 차이는 늘 일어나는 일이다. 여기에는 많은 이유가 있을 수 있다. 사상과 가치관의 차이에서 비롯된 것일 수도 있고 정치적 입장에서 비롯되는 문제일 수도 있으며 문제에 접근하는 방식에서의 차이에서 비롯되는 것일 수도 있다. 그러므로 자신과 견해가 다르다고 해서 무조건 배척해서는 안 된다. 일단 새 정부의 틀을 갖추게 한 후 단점이 드러나면 개선해도 될 일이다. 이 사람은 이래서 안 되고 저 사람은 저래서 안 되면, 사사건건 반대하는 그대들이 적합한 사람을 어디 한번 천거해 보라. 어제의 저들은 옳고 오늘의 이들은 그른가? 왜 어제의 일을 돌아보지 않는가?

일찍이 자사子思는 "관리를 뽑는 것은 목수가 나무를 고르는 것과 같이, 좋은 점은 취하고 모자라는 점은 버리는 것이다"라고 했다. 한때의 본의 아닌 말과 행동 때문에 남다른 능력을 한 번 써보지도 못하고 무대 뒤로 사라지는 인재들을 볼 때마다 우리 사회가 저지르는 집단적인 오류들을 실감하곤 한다.

지금과 같은 어려운 시기에 능력 있는 인재를 찾으려고 하면서도 우리 사회에 만연한 옹졸하고도 편협한 행태를 생각하면 참으로 개탄스러운 일이 아닐 수 없다.

역사는 흐른다. 이제는 제발 개인이나 집단의 작은 이익에 연연하는 옹졸하고 편협한 자세는 버리고 공익을 먼저 생각하자. 능력 있는 인재를 몰아내는 어리석음 때문에, 오늘을 살아가는 우리가 먼 훗날 후손들로부터 못난 세대로 평가받는 일은 면해야 하지 않겠는가.

## 무탈하신가?

### 그 근본부터 먼저 묻는다.

제齊나라 왕이 조趙나라의 위태후威太后에게 사신을 보내 문안 인사를 전하도록 했다. 사신을 맞이한 위태후는 왕의 서신을 보기도 전에 제나라 사신에게 물었다.

"올해도 별일 없으신가[歲亦無恙耶]?, 백성도 무탈하신가[民亦無恙耶]?, 왕도 잘 지내시는가[王亦無恙耶]?"

제나라 사신은 불편한 기색으로 되물었다.

"나라에는 왕이 첫째이므로 왕의 안부를 먼저 물어야 하지 않습니까?"

그러자 위태후가 얼굴색을 고치며 말했다.

"풍년이 들고 난 다음이라야 백성이 생계를 유지할 수가 있고,

백성이 편안한 뒤라야 임금은 그 지위를 보존할 수 있다. 그 근본부터 먼저 묻는 것인데 어찌 순서가 바뀌었다고 하는 건가?"

제나라 사신은 부끄러워 얼굴을 붉혔다. 이때부터 나라마다 외교적인 문안 인사로 해歲와 백성, 임금의 순서로 "무탈하신가[無恙耶]?"를 물으며 덕담을 주고받았다고 한다. 『전국책戰國策』「제책齊策」편에 실린 이야기다.

백성을 잘살게 만들기 위한 군주의 기본 도리와 책무를 강조하는 이 고사는, 오늘날 우리에게 많은 것을 생각하게 해주고 있다. 우리 정치인들에게 '국민'은 몇 번째에 해당할까?

중국 역사상 최고의 성군으로 추앙받고 있는 요堯 임금이 천하를 다스린 지 50년이 되었을 때, 백성들이 어떻게 사는지 그 실상이 궁금했다. 민정을 살피기 위해 미복微服 차림으로 거리에 이르렀을 때 아이들이 노래를 부르며 놀고 있었다.

"우리가 이렇게 잘 살아가는 것은 모두가 임금님의 지극한 덕이네. 아는 게 없어도 임금님이 정하신 대로 따르네[立我烝民 莫匪爾極 不識不知 順帝之則]."

어린이들의 노랫말에 마음이 흐뭇해진 요 임금은 마을 끝에서 한 노인을 발견했다. 머리가 하얀 그 노인은 우물우물 무언가를 씹으면서 손으로 배를 두드리고 발로 땅을 구르며 흥겹게 노래를 부르고 있었다.

"해가 뜨면 일하고 해가 지면 쉬네. 밭을 갈아먹고 우물을 파서 마시니 임금님의 힘이 나에게 무슨 소용인가[日出而作日入而息 耕田而食鑿井而飮 帝力何有于我哉]."

배를 두들기고 흙덩이를 치며 즐거워한다는 '고복격양鼓腹擊壤'의 고사로서 모든 백성이 천하의 태평함을 칭송하며 즐기는 모양을 이르는 말이다.

백성이 자기 생업에 자족한 나머지 통치자의 존재조차 까맣게 잊고 있으니, 어찌 태평성세라 하지 않으리오. 이 모두가 제위에 오를 때의 초심을 잃지 않은 요 임금의 처신에서 얻어진 결과라 할 것이다. 『십팔사략十八史略』「제요편帝堯篇」에 실려 있다.

지방선거가 끝나고 민심이 얼마나 무서운지 실감했으면서도 정치인들은 여전히 정신을 못 차린 것 같다. 지난 시절에 저들이 무슨 짓을 했는지 국민이 다 아는데도 모르쇠로 버틴다. 다수의 힘으로 밀어붙이는 우직함(?)도 달라진 것이 없다. 알면서도 애써 모르는 체하는 건지, 아니면 원래 그렇게 부끄러움을 모르는 건지 알고 싶다.

『상서尙書』「태서泰誓」에 "나를 어루만져 주면 임금이지만 나를 학대하면 원수다[古人有言曰 撫我則后 虐我則讐]"라는 말이 나온다. 정치를 잘못하면 임금이 아니라 바로 원수라고 단언하는 대목에서 옛 어른들이 민심의 향배를 얼마나 중요하게 여겼는지 알 수 있다. 오늘날 정치인들이 하는 짓을 보면, 혹시 우리가 저들을 원수로 여기게 되지나 않을까 하여 두렵기까지 하다.

올해는 우리 민족에게 씻을 수 없는 큰 상처를 남긴 임진왜란 1592이 일어난 지 꼭 430년이 되는 해다. 당파싸움으로 소일하며 무능했던 위정자들 때문에 7년 동안 우리 강토는 왜군의 말발굽 아래 철저하게 짓밟혀야 했고, 백성들은 살아남기 위해 정든 땅을 버리고 떠돌아야 했다.

초토화된 한반도를 두고 진행된 휴전 협상에서도 정작 피해 당사자인 조선은 제외된 채, 명나라와 일본 사이에서 진행되었다. 실로 어처구니없는 역사적 사실이다.

오늘날 한반도를 둘러싼 주변 정세는 그때와는 시간상으로 다를 뿐 역학 구도는 거의 비슷하다. 우리나라가 나토 정상회담에 회원국이 아닌데도 초청을 받아 대통령이 참가했다. 우크라이나 전쟁이 지구촌 이슈의 중심에 있는 상황에서도 한반도를 둘러싼 문제는 여전히 국제사회가 주목하고 있음을 잘 보여준 사례다.

이런 상황에서 우리에게 시급한 일은 무엇이겠는가? 국익을 위해 갈라진 국론을 한데 모으고 표류하는 민심을 수습하여 나라를 안정시키는 방안을 마련하는 것이다.

자신의 생업에 만족한 나머지 통치자의 존재조차도 까맣게 잊고 살았다는 요 임금의 치세만큼은 아니더라도, 국가의 안위를 걱정하면서 생업에 매달리는 것조차도 불확실한 세상은 만들지 말아야 한다.

국민은 민생고에 시달리는데도 당리당략에 따라 새 판을 짜며 이합집산으로 분주한 남한, 핵 강국을 선언하며 긴장을 고조시키는 북한의 불투명한 내일이 함께 맞물린 한반도. 장맛비와 불볕더위가 오락가락하는 날씨만큼이나 내일을 알 수 없는 불안함 때문에 잠 못 드는 여름밤은 더욱 길게 느껴진다.

# 비[雨]야 내려라

**생기 잃은 민심을 푹 적셔라.**

은殷나라 주왕紂王의 포악한 정치에 대해 간언하다가 7년간 유배를 당하는 등의 박해를 받으면서도 희창姬昌은 도탄에 빠진 백성의 삶을 빨리 회복시켜야 한다고 생각했다. 그는 왕이 나라를 잘 다스리지 못하니 자기만이라도 덕德으로 백성을 다스리는 것을 정치의 기본으로 삼아야 한다고 생각하고, 민생을 제대로 살피기 위해 온 힘을 쏟았다.

얼마 지나지 않아 천하 제후의 대다수가 그를 신뢰하고 따르게 되었다. 그가 죽고 그의 아들이 주周나라를 세우고 무왕武王으로 즉위하자, 그는 문왕文王으로 추존되었다.

여기에서 나온 말이 '밀운불우密雲不雨'라는 성어다. 곧 비가 내릴 것처럼 먹구름이 잔뜩 끼어 있는데 정작 비는 내리지 않는 것처럼, 비가 내릴만한 징조는 나타나지만 실제로 그 일은 일어나지 않는 답답한 경우를 가리키는 말이다. 이 성어는 『주역周易』「소축괘小畜卦」 괘사卦辭에 나온다.

구름[雲]이 아무리 모여 있더라도 찬 기운을 만나지 못하면 비[雨]가 되지 못하는 것과 같이, 어떤 일이 조건은 모두 갖추어졌으나 뜻대로 이루어지지 않는 상황을 빗대어 이르는 말이다. 또, 위에서 내리는 은혜와 덕이 저잣거리에까지 골고루 퍼지지 않았다는 것을 뜻하기도 한다.

구름이 가득 모여 있어 금방이라도 비가 내릴 것처럼, 모든 일이 쉬워 보여도 결코 쉽게 이루어지지 않는다. 그 이유를 『주역』에서는 "서쪽 교외에 서서 마냥 기다리고 있기만 하기 때문[自我西郊]"이라고 표현했다. 즉, 저절로 이루어지기를 기다리지 말고 적극적으로 성취하려는 노력이 있어야만 원하는 결과를 만들어낼 수 있다고 가르친다.

새 정부가 출범한 지 불과 두 달여밖에 지나지 않았는데 요즈음 상황을 또 '밀운불우'라는 성어에 빗대는 여론이 많다. 그만큼 나라가 돌아가는 상황이 뭔가 심상치 않다는 뜻이다. 먹구름은 잔뜩 모여들고 있는데 정작 비를 내리게 할 기술이나 준비가 전혀 안 되어 있는 것처럼 보인다는 지적이 설득력을 얻고 있다. 비를 내리게 하는 기술이 없는 건지 아니면 적당한 기회를 보며 뜸을 들이는 건지 알 수 없지만, 출발부터 삐걱대던 소리가 갈수록 더욱 커지고 있으니 여간 걱정스러운 게 아니다.

급기야 새 정부가 출범한 지 불과 1년밖에 지나지 않았는데 지지율이 30%대로 고착화되고 있다는 소식이 들려온다. 대부분 이런 경우를 만나면 민생경제는 그야말로 최악의 상태에 이르는 경우가 많다.

교훈은 멀리 있지 않다. 바로 지난 정부를 돌아보라. '적폐 청산'이라는 거창한 명분으로 국민적 공감을 얻었다. 시작은 그렇게 좋았다. 그러나 시행과정에서 높은 지지율을 믿고 '그들만의 정의'를 내세우며 '집단 분노'에 빠졌다가, 불과 5년 만에 민생民生과 백성을 적敵으로 만들지 않았던가. 그 결과 그들 스스로가 오히려 청산돼야 할 '폐족廢族'으로 몰리고 말았다. 최소 20년 이상 집권을 호언장담하던 정권도 지켜내지 못하고 물러났다.

새 정부도 이런 일을 당하지 않으려면 그들이 '증오와 편 가르기'에 몰두하며 보여준 '선택적 정의'와 '분노의 정치'를 버려야 한다. 그런데 그런 걸 알면서도 나라 전체가 여전히 서로 비방하고 싸우는 데에만 열중하고 있다. 뭐 좀 달라질 거라 믿었는데 달라진 게 없다. 백성은 이제 지쳐서 갈수록 무기력함에 빠지는 모양새다.

정치하는 자들이여. 제발 여의도에서 놀지 말고 저잣거리로 나가 민생을 살펴라. 먹고 살기 힘들다는 아우성이 들리지 않는가? 제발 소나기라도 좀 실컷 맞게 해달라고 백성들은 아우성치고 있다. 비가 한바탕 쏟아져야 시장을 덮고 있는 먹구름이 걷힐 게 아닌가. 백성이 알고 있는 해답을 정치인들이 모를 리가 있을까?

한쪽 바퀴가 빠져버린 수레, 가정에서도 부부가 합심하지 못하고 어느 한쪽의 노력만으로는 좋은 가정을 이끌어 갈 수 없다. 가장 중요한 건 신뢰다. 신뢰가 있어야 어려움을 함께 극복할 수 있다. 정치하는 자들에 대한 백성의 신뢰는 민생을 해결하려는 노력으로 생겨나고 공감을 얻으면서 두터워진다.

새 정부 지지율이 곤두박질쳤다고 환호하고 좋아하는 것이 과연 국익에 도움이 될까? 오히려 당장은 새 정부가 시도하는 정책을 지지하고 잘되도록 도와야 하지 않겠는가. 판단을 내리기에는 아직 이르다. 실망하더라도 좀 더 지켜보자. 이제 갓 시작한 정부라서 바꿀 수도 없으니 말이다.

뉴스를 들으니 곧 비가 온다는 반가운 소식이 전해진다. 애타게 기다리던 비 소식에 타들어 가던 농심農心도 한껏 기대하는 분위기다. 부디 메마른 대지는 물론, 생기를 잃은 민심도 푹 적시고 위로해 주는 단비가 왔으면 좋겠다.

# 정권은 무엇으로 튼튼해지는가?

## 너그러움과 엄격함의 기술

춘추시대 정鄭나라는 주변국으로부터 '구주九州의 목구멍'이라는 평가를 받을 정도로 지정학적으로 중요한 위치에 놓여 있었다. 그러나 워낙 국력이 약했던 탓에 사방으로 강대국들의 틈바구니에 끼여 아침에는 진나라, 저녁에는 초나라[朝晉暮楚]의 눈치를 보며 불안에 떨어야 했다. 게다가 내부에서조차 국론이 분열되어 귀족들은 허구한 날 정쟁으로 국력을 소모하고 있었다.

이런 불리한 내·외부 환경 속에서도 나라를 반세기 가까이 안정시킨 인물이 바로 정자산鄭子產, B.C.582~B.C.522이었다. 그는 약관의 나이로 정계에 데뷔하여 안으로는 정치를 개혁하고 밖으로는 등거리 외교를 펼쳐 나갔다.

그는 40년 가까이 국정을 주도하면서 정나라를 작지만 강한 나라로 변모시켰다. 그가 본격적으로 정치 개혁에 착수하자 기득권 세력들은 거세게 반발했다. 교육 장소인 향교는 정쟁의 장소로 변질되었다.

정자산의 아버지도 정쟁의 와중에 피살되는 개인적 비극을 겪기도 했다. 그의 측근들은 향교를 폐지하자고 주장했다. 당시 향교는 오늘날의 국회와 비견되는 장소였다. 그는 측근들의 주장을 일축하면서 다음과 같이 말했다.

"우리가 충정을 다해 백성을 위해 좋은 일을 하면 백성의 원성도 줄어들 것이다. 무엇 때문에 향교를 없애려 하는가?"

그는 말을 이었다.

"나는 '옳은 의견을 존중해야 원망을 줄일 수 있다'라는 말은 들어봤어도, '위압으로서 원망을 막을 수 있다'라는 말은 듣지 못했다. 사람은 누구나 비난을 들으면 그것을 서둘러 제지하려 한다. 그러나 이는 마치 넘치는 홍수를 막으려는 것과 같다. 강물은 한 번 크게 터지면 다치는 사람이 많아 어찌해볼 도리가 없다. 차라리 제방을 열어 물길을 다른 곳으로 흐르게 하느니만 못하다. 향교를 남겨두는 것은 사람들의 논의를 듣는 것 자체가 좋은 약으로 병을 낫게 하는 것과 마찬가지기 때문이다."

정자산은 자신의 개혁을 비판하는 소굴로 변질된 향교를 오히려 여론을 수렴하는 장소로 재활용하는 지혜를 발휘하였다. 그는 개혁에 저항하는 기득권을 향해서는 백성에게 이롭다면 무슨 일이든 다 할 것이라며 단호하게 개혁을 밀고 나갔다.

그는 정치를 하는 자세에 대해 이렇게 말했다.

“정치에는 두 가지 방법밖에 없다. 하나는 너그러움이고 하나는 엄격함이다. 덕망이 높고 큰 사람은 관대한 정치로 백성을 따르게 할 수 있다. 불이 활활 타오르면 백성은 겁을 먹는다. 그러므로 불에 타죽는 사람은 적다. 그런데 물은 성질이 부드러우므로 겁을 내지 않는다. 이 때문에 물에 빠져 죽는 사람이 더 많다. 관대한 통치술이란 물과 같아서 효과를 내기가 여간 어려운 게 아니다. 그래서 효과가 금방 나타나는 엄격한 정치를 하려는 것이다.”

그는 정차하는 사람들을 향해 효과가 금방 나타나는 불과 같은 정치에 의존하지 말고, 효과는 더디지만 깊은 물과 같은 너그럽고 큰 정치를 추구하라는 메시지를 남긴 것이다.

정자산이 재상이 되어 개혁을 추진한 결과 1년 만에 더벅머리 아이들이 버릇없이 구는 일이 없어졌고, 노인들의 무거운 짐을 들고 다니지 않아도 되었으며, 어린아이들이 중노동에 동원되지 않게 되었다. 2년째가 되자 시장에서 물건값을 깎자고 졸라대는 일이 없어졌고, 3년이 되자 밤에 문을 잠그지 않아도 괜찮았고 길에 떨어진 물건을 줍는 사람이 없었다. 4년이 지나자 밭 갈던 농기구를 그대로 놓아둔 채 집에 돌아와도 괜찮았다. 5년이 지나자 마침내 군대를 동원할 일조차도 없어졌다.

정자산은 정치의 본질에 관한 성찰로서 "정권을 잡으면 반드시 인덕仁德으로 다스려야 한다. 정권이 무엇으로 튼튼해지는지 잊어서는 안 된다"라는 뼈있는 말을 남겼다. 정권은 백성이 있음으로써 튼튼해진다는 말이다. 그는 정권의 기초가 민심이고, 민심을 반영하는 것이 여론이란 점을 정확하게 인식하고 있었다.

우리는 시대가 복잡해질수록 고전古典을 찾고 그 속에서 답을 얻고자 한다. 고전은 단순한 지식이 아닌 선현들의 지혜를 담고 있기 때문이다. 오늘날처럼 새로운 정보와 지식이 넘쳐나는 시대에서도 고전 속에 담긴 지혜는 우리에게 길을 가르쳐주고 있다. 이것이 고전의 힘이다.

정권은 잡으면 반드시 인덕으로 다스려야 한다는 정자산의 가르침은 그래서 오늘날처럼 포용과 어짊이 사라지고 부도덕함이 판을 치는 어지러운 시대에 더욱 무겁게 다가온다.

맹자는 "백성이 가장 귀하고, 사직은 그 다음이요, 왕은 가볍다[民爲貴 社稷次之 君爲輕]"라고 가르친다. 영원한 권력은 없다. 권력을 손에 쥔 자들은 정권이 무엇으로 튼튼해지는 것인지를 결코 잊어서는 안 될 것이다.

# 야망의 계절

**산은 높아지기를 마다하지 않고,**
**물은 깊어지기를 마다하지 않는다.**

대선이 다가올 때마다 후보들 사이에는 '인재 모시기' 경쟁이 치열해진다. 예로부터 천하의 패권을 놓고 다투는 형국에서는 재주를 가진 사람들이 자천타천으로 유력자에게 모여든다. 백성들은 그 형세를 보고 천하 민심의 기울기를 짐작할 수 있다.

한 조직의 리더를 보좌하는 참모는 리더의 뜻에 순응해야 하는 부하와 달리 자신의 창의적인 견해와 거침없는 조언을 자유로이 전달할 수 있는 권리와 의무를 동시에 지닌 협력자를 뜻한다. 흔히 "난세亂世에 영웅이 난다"라고 하지만, 좀 더 정확히 표현하면 "난세에 훌륭한 참모를 둔 자가 영웅이 된다"라고 해야 할 것이다.

한 고조 유방劉邦에게는 장량張良이 있었기에 초 패왕 항우를 제압할 수 있었다. 유비劉備에게는 제갈량諸葛亮이라는 걸출한 참모가 있었기에 20여 년의 길고 길었던 떠돌이 생활을 마감하고 촉蜀의 황제로까지 등극할 수 있었다. 그리고 조조曹操에게는 순욱荀彧이라는 뛰어난 참모가 있었기에 중원을 제패할 수 있었다.

조조가 경쟁자보다 많은 명참모를 휘하에 거둘 수 있었던 결정적인 계기는 그가 3차례에 걸쳐 내린 인재를 초빙하는 칙령, '구현령求賢令' 때문이었다. 그가 구현령을 통해 천하에 던진 메시지는 간결하고 분명했다. 바로 '능력 제일주의'였다.

그는 관중管仲과 진평陳平의 등용을 예로 들었다. '관포지교管鮑之交'라는 고사를 통해 알려진 관중은 소문이 좋은 사람은 아니었지만, 제환공齊桓公은 오직 그의 능력 하나만을 보고 등용하여 천하의 패자覇者가 될 수 있었다는 것이다.

진평의 예는 더 적극적이다. 유방이 항우와 천하의 패권을 다투고 있을 때, 진평이 위무지魏無知의 천거를 받아 그를 찾아왔다. 측근들은 그의 흠결을 들며 극렬하게 반대했다. 유방은 즉시 위무지를 불러 왜 그렇게 흠결이 많은 자를 천거했느냐고 문책했다. 그러자, 위무지는 다음과 같이 대답했다.

"신臣이 진평을 천거한 것은 오로지 그의 능력 때문이었는데, 지금 폐하께서 물으시는 것은 그의 행실입니다. 행실이 바르다 한들 전쟁을 승리로 이끌지 못하면 무슨 소용이 있겠습니까?"

이 말을 들은 유방은 크게 느낀 바가 있어 그를 책사로 등용하였고, 결과적으로 훗날 몇 번이나 죽음의 위기에서 그의 도움으로 벗어날 수 있었다.

오늘날 세계 강국이 된 중국을 보면서 모택동의 '홍전론紅專論'과 등소평의 '흑묘백묘론黑猫白猫論'을 떠올린다. '홍전론'이란 이데올로기[紅]도 중요하고, 국가발전을 위한 전문성[專]도 중요하다는 개념이다. 사람을 쓸 때 개인의 덕성과 능력을 모두 중요하게 여긴다는 말이다.

등소평은 한발 더 나아갔다. "고양이는 쥐만 잘 잡으면 그뿐, 그 색깔이 희건 검건 상관하지 않는다"라고 천명하였다. 그의 '흑묘백묘론'은 바로 조조의 구현령에서 아이디어를 얻은 것이다.

그는 당시의 중국을 난세로 간주하고, 선진국으로 발돋움하기 위해서는 인재가 필요하다고 생각했다. 이후 중국은 눈부신 경제성장을 이루어 마침내 오늘날 세계 속의 강국으로 부상했다.

한 시대를 풍미했던 나폴레옹도 "인재가 있다는 소문이 들리면 나는 앞뒤 가리지 않고 그에게 달려가 도움을 청할 것이다. 인재를 얻을 수만 있다면 그의 비위를 맞추기 위해 염치를 무릅쓰고 아부하는 일조차 마다하지 않겠다"라고 했다.

한 치 앞을 내다볼 수 없는 혼전을 펼치는 시기에 후보 진영에서 먼저 자리 잡은 사람들이 자꾸 문턱을 높이고 장막을 치고 있다. 이 사람은 이래서 안 되고, 저 사람은 저래서 안 된다면서 사사건건 시비를 걸고 있다. 격格에 맞는 대우를 요구하면서 꽃가마를 기다리는 자도 한심하기는 마찬가지이다. 모두 어리석은 하수들이다.

주군을 위해 닭 울음소리라도 낼 수 있고, 개구멍을 드나들며 도둑질 잘하는 등의 하잘 것이 없는 재주라도 능력이라 여기며 사람을 가리지 않는다면, 그것이 바로 천하를 제패하는 첫걸음이다.

자기 색깔을 분명하게 한다는 명분으로 이 사람 저 사람 가리며 저울질하다가, 때를 놓치고 천하를 잃은 다음에 후회한들 무슨 소용이 있겠는가. 허물을 캐는 일은 천하를 도모한 후에라도 늦지 않다. 그때 가서 비로소 각자의 능력에 맞는 공정한 인사를 통해 적재적소에 사람을 기용하면 될 일이다.

조조는 적벽대전을 앞두고 읊은 '단가행短歌行'이라는 시詩의 말미에서 인재를 갈망하는 애타는 마음을 다음과 같이 토해낸다.

"산은 높아지기를 마다하지 아니하고 물은 깊어지기를 마다하지 않는 법, 주공처럼 인재를 얻기 위해 정성을 보인다면, 천하의 인심은 내게로 돌아오리[山不厭高, 海不厭深, 周公吐哺, 天下歸心]."

천하를 얻으려는 자들이여. 그리고 그를 도와 대업大業을 도모하려는 참모들이여. 눈을 돌려 세상을 다시 바라보라. 천하의 패권을 다투고 있는 지금이야말로 바로 난세요, 뭇 인재가 필요한 때가 아닌가?

당장 문턱을 없애고 장막을 걷어라. 사사로움은 내려놓고 세상의 흐름을 읽어라. 천하의 인심은 열린 곳에 모여든다는 것을 왜 모르는가!

## 포정해우庖丁解牛

**무엇을 하든 집중하고 성실하며 구체적이어야 한다.**

춘추시대 제齊나라에 소를 잡는 데에는 신기神技에 가까운 기술을 가지고 있어 이 방면에 도통했다고 소문난 도우토屠牛吐라는 백정이 있었다. 하루아침에 아홉 마리의 소를 잡아도 칼이 전혀 무뎌지지 않아서 여전히 소의 털을 자를 수 있었다고 한다.

그런데 양梁나라의 포정庖丁이라는 사람은 그보다 한 수 위였다. 무려 19년 동안이나 칼을 갈지 않아도 여전히 그가 사용하는 칼의 날은 전혀 무뎌지지 않았다고 하니 가히 신의 경지에 들어섰다고 해야 할 것이다.

원래 포정은 문혜군文惠君이라는 사람의 주방장이었다. 소를 잡는 기술이 얼마나 대단했던지 소 한 마리쯤은 눈 깜짝할 사이에 해치웠다. 그뿐만 아니라 어찌나 능수능란했던지 손을 놀리는 품새나 어깨 위에 둘러메는 동작, 발을 내디디고 무릎으로 밀어치는 자세, 살점을 쪼개는 소리, 칼로 두들기는 소리가 마치 뽕나무 숲에서 춤을 추듯 조화를 이루었다고 한다.

이를 보고 감탄한 문혜군이 말했다.

"정말 훌륭하도다! 어떻게 이리할 수 있는가?"

그러자 포정이 말했다.

"처음 이 일을 시작했을 때 저는 소의 겉모습만 보았습니다. 3년이 지나자 소를 겉으로만 보지 않고 마음으로 보려 했습니다[而不以目視]. 마음에 따르는 것이 순리라고 생각했습니다[依乎天理]. 때로는 멈추고 행하며 또한 더디게 하기도 합니다[視爲止行爲遲]. 소의 살과 뼈의 틈을 자연스럽게 벌리고, 그 속에 칼을 넣는 것은 본디의 형태를 파악하며 행하는 것이지요. 저는 이 칼 하나로 19년 동안 수천 마리의 소를 해체했습니다만, 보시다시피 아직도 칼날은 새것이나 다름없습니다."

그는 사용하는 식칼을 바꾸는 횟수에 따라 기술자를 세 부류로 나누었다. 숙달된 고수는 식칼을 1년에 하나씩 바꾸고, 보통 기술자는 한 달에 한 번씩 바꾼다. 고수는 고기를 베고, 보통 기술자는 고기를 썰기 때문이다. 그러나 포정 자신은 이 식칼을 19년 동안이나 사용했으며 지금까지 수천 마리의 소를 잡았지만, 단 한 번도 칼을 바꾸지 않았다고 했다. 그 비결은 뼈마디에 있는 틈새로

얇디얇은 식칼의 날을 밀어 넣는 데 있다고 했다. 그래서 그가 사용하는 칼의 칼날은 언제나 숫돌에서 갓 갈아낸 것처럼 예리했다고 한다.

오늘날 포정은 요리사의 대명사로 널리 사람들 사이에 회자되고 있고, '포정해우庖丁解牛'라는 고사故事도 여기에서 비롯되었다. 『장자莊子』「양생주편養生主篇」에 나온다.

오랜 기간 한 분야에 집중하다 보면, 그 방면에 도리가 훤히 트여 물 흐르듯 자연스럽게 된다고 한다. 솔거率去가 황용사의 벽에 소나무를 그리자 새들이 소나무에 앉으려다 벽에 부딪혀 죽었다는 일화나, 천리마를 볼 줄 알았던 백락伯樂 같은 이들이 모두 그런 경지에 든 사람들이다.

매일 자고 일어나면 들려오는 똑같은 뉴스도 이제는 식상하다. 하루가 멀다고 새롭게 터지는 비리와 이를 두고 치열하게 말싸움만 풍성한 정치권을 보면, 한 마디로 난장판이요 이전투구泥田鬪狗의 볼썽사나운 모습들뿐이다. 지금 우리 사회는 총체적인 부실 덩어리요, 중환자의 괴로운 몸부림 모양새와 다를 바가 없다. 이런 일을 그저 마냥 지켜볼 수밖에 없는 힘없는 우리 서민들에게는 요즘 같은 하루하루가 더없는 고통이요, 고문 속의 나날이다.

포정해우의 고사는 우리에게 시사하는 바가 크다. 무엇을 하든 집중해야 하고 성실해야 하며 구체적이어야 한다. 대선 후보들과 그 측근들이 가는 곳마다 쏟아내는 무수한 약속들이, 그저 대선에서 우선 이기고 보자는 얄팍한 말장난에 불과한 것이 많다는 것쯤은 어느 정도 안다. 사람들에게 보여주기 위한 것이 아니라, 시간이 좀 걸리더라도 사람들에게 될 수 있을 것이라는 믿음을 주는 것이라야 한다. 그래야 백성들이 마음을 주고 따른다.

이럴 때 한꺼번에 이런 문제를 쾌도난마처럼 해결해 낼 수 있는, 이 난국을 시원하게 헤쳐나갈 이 분야에 도통한 사람은 없을까? 마치 포정이 눈 깜짝할 사이에 소 한 마리를 해치우는 것과 같이 말이다. 그래서 그동안 우리 힘없는 서민들의 맺힌 응어리와 시린 가슴을 시원하게 뚫어주었으면 좋겠다.

추워지는 계절을 참고 견디면, 내년 봄에는 좋은 세상이 오는 걸까? 솔거나 백락, 포정과 같은 이들이 너무나 그리워지는 계절이다.

# 그 해의 겨울

## 곧은 인재를 등용하는 것은 통치술의 기본이다.

노盧나라 애공哀公이 공자에게 물었다.

"어떻게 하면 백성들을 따르게 할 수 있습니까?"

공자가 대답했다.

"곧은 자 즉, 정직한 자를 등용하여 굽은 사람 위에 올려놓으면 백성들이 저절로 따릅니다[擧直措猪枉則民服]."

춘추시대 말기 당시 노나라의 권력은 계손系孫, 맹손孟孫, 숙손叔孫의 세 가문에 의해 좌지우지되었다. 당시 애공은 노나라 왕으로 허수아비 왕이었다. 애공의 질문에는 왕을 따르지 않는 백성들에 대한 통치자의 고뇌가 담겨 있었다. 그는 백성들이 자신을 따르지 않는 것은 모두 백성들이 어리석음에 있다고 생각한 것이다.

그러나 공자의 생각은 달랐다. 나라가 어지러워지는 것은 백성들이 어리석기 때문이 아니라, 바로 권력을 등에 업고 국정을 농단하는 특정 집단에 있다고 보았다. 그는 이러한 문제를 해결하기 위해서는 무엇보다 먼저 곧은 인재를 등용하여 백성들의 신뢰를 회복해야 한다고 생각했다. 정직한 사람이 위에 있으면 아랫사람들도 다 정직하게 되어 공평무사한 정치가 실현됨으로써, 백성들은 그 정치를 믿고 따를 수 있게 된다는 것이다. 『논어論語』「위정爲政」편에 나오는 말이다.

예나 지금이나 곧은 인재를 등용하는 것은 통치술의 기본이다. 백성들이 따르기를 바란다면 올바른 사람을 적재적소에 등용하는 것, 그것이 바로 정치와 신뢰와 복종의 첫걸음이다. 애공은 그 기본을 행하지 않은 것이다. 당시 그의 측근에는 세 가문과 내통해 있는 아첨꾼들만 자리를 차지하고 있었다.

공자는 이와 함께 '관寬'의 덕목을 중시했다. 관대하고 관용이 있는 지도자는 다른 사람을 포용하면서 통합을 끌어내는 리더십을 발휘할 수 있다는 것이다. 오늘날 우리 사회에 절실하게 필요한 것도 갈라진 민심을 아우르는 '통합과 관용의 리더십'이다.

역사상 이런 리더십을 가진 대표적인 인물로 회자되는 사람이 바로 한 고조漢高祖 유방劉邦이다. 유방의 성공은 그 그릇이 컸다는 점에 있다. 이런 됨됨이를 역사가들은 한마디로 '관寬'이라 평한다.

즉, 너그럽다는 뜻의 '관'은 관용, 관대, 포용력을 말하는데, 특히 부하 통솔법에서 그의 이런 성품이 잘 드러난다.

유방은 부하의 의견에 귀를 기울였다. 자신이 먼저 나서서 지시하거나 명령하지 않았고 큰 문제가 생기면 항상 부하들의 의견을 들었다. 부하가 이런저런 대책을 말하면 차분히 귀를 기울인 다음 "좋다. 그렇게 하자"고 결단을 내리는 것이 유방의 의사결정 방식이었다.

중요한 것은 유방의 의사결정 방식이다. 그는 일이 있으면 대부분 참모들을 소집하여 공개된 장소에서 공론에 부쳐 결정했다. 그리고 결정된 내용을 시행하고 추진하는 것을 전적으로 신뢰하고 지원해 주었다. 그러므로 중요한 정책 결정에 대한 이유를 참모들이 모두 공유함으로써 그 효율성을 극대화할 수 있었다.

이러한 방식은 일찍이 한비자韓非子가 권하는 방식이기도 하다. 『한비자韓非子』「주도主道」에 보면, "뛰어난 임금은 지혜가 있는 신하에게 대책을 가다듬게 하고 자신이 그 위에 서서 결단을 내린다. 고로 그는 지혜가 부족해서 곤란을 겪는 일이 없다[明君之道, 使智者盡其慮, 而君因以斷事, 故君不窮於智]"라고 말하고 있다.

한비자는 뛰어난 지도자의 조건으로 두 가지를 들고 있다. 하나는 부하들의 의견을 널리 구하고 그것을 정책에 반영하는 일이고, 다른 하나는 실행할 것인가 말 것인가의 결단을 남에게 맡기지 않고 스스로 내리는 것이다. 유방은 한비자가 말하는 뛰어난 지도자의 두 가지 요건을 모두 갖추고 있었다.

오늘날 사람들은 이런 관용과 포용으로 통합을 끌어낼 만한 지도자가 없는 나라의 위기 상황을 걱정하면서 그 해법은 없을까 하고 고민하고 있다. 정치 지도자들에 대한 깊은 불신을 보면 그 해법의 중요성을 더욱 절감하게 된다.

어떻게 하면 국민이 정치 지도자들을 믿고 따르게 만들 수 있을까? 오늘의 정치 지도자들에게는 이런 기본적인 고민을 하는 모습이 보이지 않는다는 것이 문제이다. 말장난과 선동으로 민심을 갈라치고 거기에서 반사이익을 챙기고 보자는 고약한 심보가 보일 정도이다.

그러나 누구를 탓하겠는가. 나라 상황이 이렇게까지 된 데에는 우리 국민 모두에게 책임이 있다고 생각해야 한다. 지난 한 해를 돌아보고 살피며, 옳은 것은 실천하고, 어질지 못한 것은 없었는지 나부터 반성해보는 건 어떨까? 그래서 모두가 집단적 자성自省을 통해 거듭나야 한다.

어느새 신축년이 저물어 가고 있다. 지금 저잣거리의 민초들로서는 그 어느 때보다도 말로 표현하기 힘들 정도로 상실감이 크다. 훗날 후손들에게 이번 신축년의 겨울은 어떻게 기억될까? 이번 겨울에는 유난히 혹독한 추위가 이어질 것 같다.

# 무엇으로 이 근심을 풀 수 있으리오

## 잠시 취하면 잊을 수 있으려나…

몇 해 전 극장가에서 크게 인기리에 상영되었던 오우삼吳宇森 감독의 영화 〈적벽대전赤壁大戰〉에 보면, 조조曹操가 휘하 장수들을 모아놓고 술을 마시며 시詩 한 수首를 읊는 장면이 나온다.

"우리의 삶이 길어야 얼마나 되는가[人生幾何],
비유컨대 아침이슬처럼 덧없는 것이거늘[譬如朝露]
…(중략)…
무엇으로 이 근심 풀 수 있으리오[何以解憂],
오로지 한 잔 술뿐이로다[唯有杜康].
…(하략)"

후세 사람들이 「단가행短歌行」 또는 「대주당가對酒當歌」라고도 부르는 이 시는 감정이 충만하고 박자가 처량한 서정시다.

조조는 이 시를 통해 적벽대전 패배의 좌절감을 토로하면서 "우리의 삶이 길어야 얼마나 되는가[人生幾何]"라는 한탄을 시작으로, 짧은 인생에 대해 허무함을 아침이슬에 비유하여 그 덧없음을 노래했다. 거기에다 당시 나이 60세를 눈앞에 두고 있음에도 아직도 천하를 평정하지 못한 아쉬움을 술 한 잔으로 털어내려 하고 있다.

'조로朝露'는 아침이슬을 뜻한다. 아침이슬은 비록 수정처럼 영롱함을 자랑하지만 해가 뜨면 금방 사라지고 만다. 그래서 우리 조상들은 '한순간' 또는 '인생의 덧없음'을 말할 때 이런 시적인 표현을 쓰곤 했다.

『장자莊子』의 「소요유逍遙遊」에서도 아침에 났다가 저녁에 사라지는 버섯 '조균朝菌'에 비유했듯이 우리 인생살이도 그와 다를 것이 없다. 흔히들 하늘에 떠 있는 한 조각 구름도 아침이슬과 더불어 역시 덧없기는 마찬가지라고 하여 '부운조로浮雲朝露'라고 노래했다.

조조가 술잔을 높이 들고 인생을 일러 '아침이슬朝露'에 비유했듯이 우리들의 삶이란 결국 나뭇잎에 붙어 있다가 해가 뜨면 사라지는 새벽이슬과 같은 것이 아니겠는가.

대선이 코앞에 닥치면서 상대를 향한 비방 수위는 그 도를 한참

넘어섰다. 아슬아슬한 외줄 타기 곡예를 보는 국민은 가슴이 조여든다. 이번에도 정치권에 대한 국민의 반응은 차갑고 냉정하다. 한두 번 속은 것이 아닌 데다가 비리가 있고 없고의 문제를 떠나, 보복과 한풀이의 삼류정치에 대해 환멸을 느끼고 있기 때문이다.

그래서 저잣거리에서 소주잔을 마주하고 있는 사람들은 여전히 궁금해 한다. 정권이 바뀔 때마다 어김없이 반복되던 지난 정권에 대한 비리 관련 수사를 이번에는 비껴갈 수 있을까?

얼마 전 미국 일간지 워싱턴포스트가 한국 대선을 "추문으로 얼룩진 역대 최악의 선거"라고 혹평한 데 이어, 영국 유력지 더타임스 일요판 선데이타임스도 한국의 여야 대선 후보와 가족들을 둘러싼 의혹을 꼬집으면서 "한국 민주화 이후 35년 역사상 가장 역겨운most distasteful 선거"라고 보도했다.

선데이타임스는 "한국은 케이팝, 오스카상 수상, 드라마 '오징어 게임'까지 전 세계를 강타한 문화 수출국이지만, 지금 서울에서는 영화 '기생충'보다 더 생생하게 엘리트들의 추잡한 면모seedy side를 보여주는 쇼가 벌어지고 있다"라고 지적했다. 이 신문은 "중요한 국내외 현안에 관한 토론 대신 부패와 부정, 샤머니즘, 언론인에 대한 위협과 속임수가 선거를 집어삼키고 있다"라고 보도했었다.

이 무슨 창피한 일인가? 다른 나라 사람들이 우리나라 선거판을 바라보면서 손가락질하며 조롱하는 모습에 허탈함을 넘어 분노가

치밀어 올랐다. 오죽 한심하게 보였으면 저렇게 비아냥거릴까.

요즈음 국민은 어차피 결론이 빤한 가소로운 정치판의 놀음을 보고 환멸을 느끼다 못해 분노와 깊은 시름에 잠겨 있다. 대체 무엇으로 이 분노와 근심을 풀 수 있으리오? 잠시 취하면 잊을 수 있으려나.

김이 모락모락 솟아나는 순댓국을 시켜놓고 잔을 가득 채운다.

오로지 한 잔 술 뿐이로다.

## 호랑이보다 더 무서운 것

### 선심 쓴다고 그런 얄팍한 꼼수를 모를 거라고 보는가?

춘추시대 말기 노魯나라의 정국이 혼란에 빠지자, 환멸을 느낀 공자가 제자들을 데리고 이웃 제齊나라로 가고 있었다. 당시 노나라는 조정의 실세였던 계손자季孫子가 갖가지 명목으로 세금을 가혹하게 거두어들이는 바람에, 백성들은 고통스러운 나날을 보내고 있었다.

공자 일행이 태산을 넘어 막 제나라로 들어설 무렵, 엉성하게 만든 세 개의 무덤 앞에 엎드려 슬피 우는 여인을 만났다. 그 울음소리가 하도 슬퍼서 공자는 수레를 멈추고 자로子路에게 사연을 알아보게 했다. 자로가 여인에게 다가가 사연을 묻자 여인이 말했다.

"너무 무섭고 슬퍼서 울고 있습니다. 제 시아버님과 남편이 호랑이 때문에 돌아가셨는데, 이번에는 아들까지도 여기에 묻었습니다."

대답을 마친 여인은 또 슬피 울었다. 자로가 돌아와 들은 것을 고하자, 공자가 수레에서 내려 여인에게 다가가 말했다.

"이곳을 떠나 다른 곳으로 가서 사는 것이 어떻소?"

여인은 울음을 그치고 공자를 보며 한숨을 내쉬었다.

"그래도 여기서 사는 것이 차라리 낫습니다. 그나마 여기에는 무거운 세금이 없지요."

공자가 제자들을 돌아보며 말했다.

"들었느냐? 너희들도 꼭 기억해 두어라. 가혹한 정치는 백성에게 호랑이보다 더 무서운 것[苛政猛於虎]이니라."

오늘날 사람들에게 회자되는 '가정맹어호苛政猛於虎'라는 성어의 유래로서, 『예기禮記』「단궁하檀弓下」 편에 실려있다.

'가정苛政'이란 혹독한 정치를 말한다. 예로부터 정치하는 사람들이 나라를 잘못 경영하면 그 결과는 반드시 세금 인상으로 이어졌다. 가장 손쉬운 방법으로 세금을 올려 부족한 재정을 만회하려는 얄팍한 계산이 숨어있는 것이다.

이렇게 과중한 세금 부과는 백성들을 가장 쉽게 착취하는 수단으로서, 백성들에게 미치는 해害는 백성을 잡아먹는 호랑이보다 더 무서운 해독을 끼친다는 뜻이다.

최근 정부는 부동산 정책이 실패했음을 인정했다. 부동산 가격이 급등하면서 징벌적 과세인 종합부동산세종부세 대상자가 졸지에 3배 가량이나 늘었다. 고지된 세액은 약 15배나 급증했고 그 바람에 세수稅收는 엄청나게 늘었다. 집값을 안정시키지 못한 정부의 정책 실패가 서민들에게 고스란히 세금 폭탄으로 돌아왔고, 집주인의 임대료 전가 등을 통해 '월세 난민'을 양산함으로써 민심 이반을 가속화시켰다. 연말정산이 끝나고 환급명세서를 받아든 근로자들은 참았던 분노를 터뜨린다.

어디 그뿐인가? 덩달아 장바구니 물가도 껑충 뛰었다. 그동안 온갖 선심 정책에도 불구하고 물가상승과 부동산 관련 세금 등 곳곳에 도사리는 세금 문제는 마치 전쟁터의 지뢰밭처럼 깔려 있다. 시장 전문가들이 나서서 정책의 허와 실을 진단하며 방향의 수정을 권고했지만, 도무지 요지부동이었던 정부였다. 그러다가 얼마 전 국토부 장관은 "올해 집값이 많이 올라서 국민께 많이 송구한 심정"이라며 사과했다.

그동안 온갖 비판에 꿈쩍도 하지 않던 정부가 마지못해 실패를 인정한 것은 코앞에 닥친 대선 때문이라는 분석이 지배적이다. 그 틈을 타고 여당 대선 후보는 재빨리 현 정부의 실패한 정책이 자신과는 무관함을 선언했다. 미소를 띤 그 뻔뻔한 모습이 섬뜩하게 다가온다.

저잣거리를 돌아보니 성난 민심에 두려움이라도 느꼈던 걸까?

이번에도 정부는 '소상공인 재난지원금'이란 명목으로 약 10조 원에 달하는 천문학적 규모의 돈을 풀었다. 그러나 엄청나게 늘어난 세수稅收를 가지고 선심을 쓴다고 해서 백성들이 그런 얄팍한 꼼수를 모를 거라고 보는가?

이제는 선거 후가 걱정이라는 자조 섞인 이야기들이 저잣거리 골목마다 소주잔에 가득하다. 요즘 같은 분위기라면 차라리 호랑이에게 물려 죽는 편이 더 낫다는 제나라 여인의 하소연이 이해가 가고도 남는다.

어린 시절, 할머니께서 들려주시던 옛날이야기에 호랑이 이야기는 빼놓을 수 없는 단골 메뉴였다. 귀여운 손자의 버릇을 고칠 때나 혼내는 일이 있을 때도, 울음을 뚝 그치게 만드는 단골 소재로 호랑이는 인기였다. 그러나 한편으로는 엄청난 공포의 대상이기도 했다. 호랑이에게 잡아먹히는 사람이 많았기 때문이다.

임인년 호랑이의 정기를 타고 인왕산에서 내려오는 범의 윤곽이 점점 좁혀지고 있다. 이번에 내려오는 범은 어떤 모습으로 우리 앞에 나타나려나? 가혹한 세금으로 백성을 괴롭히는 범이 아니라, 적어도 그 옛날 할머니의 무릎을 베고 누워 자꾸만 졸라대던 그 이야기 속의 친근한 범이기를 간절히 바란다.

우수雨水를 지나며 들판을 신나게 가로지르던 봄기운도 저잣거리 입구에서 멈춰 섰다. 많이 사나워진 민심을 다독일 해법을 고민하나 보다. 서늘한 한기는 여전히 등골을 파고든다.

# 우리는 제대로 가고 있는가?

## 왜 통제할 수 없는 상대에게 매달리는가.

1004년 요나라 왕 성종聖宗은 대군을 이끌고 남하하여 송나라 수도 방어의 요충지인 전주澶州 북성北城을 포위하였다. 다급해진 송나라는 전쟁을 피하려는 관료들이 나서서 세 가지 조항에 합의한다.

첫째, 두 나라는 형제로 하고 둘째, 송은 해마다 은 10만 냥과 명주 20만 필을 요에 보내며 셋째, 두 나라 사이의 국경은 현상을 유지한다는 내용이었다. 이른바, '전연의 맹약[澶淵之盟]'으로 불리는 조약을 맺고 송나라는 위기를 모면했다.

저잣거리에서는 굴욕적인 협상이라는 여론이 빗발쳤으나, 조정은 "보잘것없는 북방 오랑캐에게 약간의 경비를 원조해주는 너그러운 대국의 면모를 보이며 오랑캐에게 대승을 거두었다"라고 선전하며 비난을 일축했다.

40년 후, 1044년에 이번에는 서하西夏가 쳐들어오자 송나라는 '경력의 화약[慶曆和約]'이라 불리는 화친을 맺고 전쟁을 피했다. 매년 은銀 7만2천 냥, 비단 15만3,000필, 차 5만 근을 서하에게 제공하는 조건이었다. 이번에도 송나라는 외교적 대승을 거두었다고 선전했다.

이렇게 되자, 백성들에게 '천하를 다스리는 천자'로서의 황제 체면은 말이 아니게 되었지만, 돈으로 얻은 평화는 황제의 자리를 보장해 주었다. 이때부터 송나라 내부에서는 외부의 위협에 별로 걱정을 하지 않는 분위기가 만연하기 시작했다. '오랑캐가 무력으로 위협하더라도 돈으로 해결하면 그만'이라는 인식이 생겨난 것이다.

그러나 문제는 매년 들어가는 거액의 비용도 문제였지만, 정작 국경 너머에는 침략에 대한 불안 요소가 해결되지 않은 채 항상 도사리고 있다는 것이었다. 상황이 이러한데도 화친을 맺은 후, 송나라는 군사력의 약점을 극복하려는 노력은 하지 않았다. 왕안석王安石이 내세운 군제 개혁안도 당쟁에 휘말려 좌절되었다.

다시 80여 년 후인 1123년, 이번에는 요나라를 멸망시킨 금나라가 쳐들어왔다. 송나라는 또 전쟁을 피한다는 명분으로 교섭에 나섰다. 그 결과 요나라에 지급하던 공물을 금나라에 돌리고도 국토의 상당 부분을 내주는 굴욕을 당했다.

마침내 3년 뒤, 1126년 금나라가 약속을 어기고 수도를 침공해 오자 황제의 주변에는 "땅을 더 내주고 화친을 청하자"라고 주장하는 자들만 남아있었다. 이듬해 초, 황제는 포로가 되었고 북송은 멸망하고 말았다. 역사에서는 이를 '정강의 변[靖康之辱變]'으로 기록하였다.

군사력 대신 문치文治를 앞세워 태평성대를 누리던 송나라의 멸망은 무능한 황제와 부패한 관료 때문이었다. 바로 지나치게 많은 관리와 병사들의 급여 등으로 인한 재정 위기, 개혁의 실패와 권력의 남용, 외교정책 실패가 가져온 결과였다. 구걸로 얻은 평화와 풍요로움은 결코 오래 갈 수 없다는 것을 보여주는 교훈이다.

독일이 체코슬로바키아를 위협하면서 전쟁 위기가 고조되자, 1938년 9월 29일 영국 총리 체임벌린과 프랑스 총리 에두아르 달라디에, 히틀러, 무솔리니가 뮌헨에서 모였다. 이들은 밀실 야합을 통해 체코를 희생시키는 대가로 평화에 합의하였다.

뮌헨 회담을 끝내고 영국으로 돌아온 체임벌린이 공항에서 "나는 우리 시대에 평화가 찾아왔다고 믿습니다I believe it is peace for our time"라고 선언했지만, 1년 뒤 히틀러는 폴란드를 침공하였고 이에 대항하여 영국과 프랑스가 독일에 선전포고하면서 제2차 세계대전이 시작되었다.

체임벌린의 유화정책은 독재자를 상대로 평화를 구걸한 것이었고 결과적으로 히틀러의 야심에 날개를 달아주었다는 이유로, 오늘날 외교 역사상 최악의 실패 사례로 꼽히고 있다. 유화정책 자체가 문제가 아니라 내가 통제할 수 없는 상대에게 유화정책을 쓰는 것이 얼마나 어리석은 짓인가를 보여준 사례였다.

남북의 정상이 얼굴을 맞대고 민족의 항구적인 평화를 약속하는 장면을 연출한 지도 꽤 시간이 흘렀다. 그동안 정부는 '항구적인 평화 구축'이라는 명분으로 비무장지대의 방어진지GP까지 파괴하는 쇼를 벌였다. 전쟁 위험을 고조시킨다는 등 갖가지 구실을 들어 방어적 성격의 한미 연합훈련에 소극적이었다. 북한은 여전히 미사일 발사를 계속하는데도, '도발'을 '도발'이라 표현하는 것조차 금기시한다.

그때나 지금이나 달라진 것이 거의 없다. 저잣거리 여론은 '평화를 구걸하는 건 아닌가?'라는 의구심에서 이제는 확신으로 바뀌었다. 아직도 갈 길은 여전히 멀어 보이는 까닭이다.

미군이 철수하자마자 기다렸다는 듯이 탈레반이 장악해버린 아프간 사태, 미국과 러시아의 설득으로 핵무기를 포기했던 우크라이나가 속수무책으로 침공 받는 상황을 보면서 많은 국민이 불안해하는 이유는 다른 데에 있지 않다. 문재인 정부의 한반도 유화정책은 도저히 우리가 통제할 수 없는 상대에게 매달리고 있기 때문이다.

정치지도자들은 역사 속에서 잘못된 판단과 미봉책으로 평화를 구걸하다가 위기를 자초했던 나라들의 사례를 곰곰이 되짚어보아야 한다.

국민은 정부에게 지금 "지금 대한민국은 정말 제대로 가고 있는가?"라고 묻는다.

# 백수들의 놀이터, 국회

## 이런 후안무치한 자들의 얼굴을 계속 보기를 원하는가?

우리 속담에 "원수는 외나무다리에서 만난다"라는 말이 있다. 원수는 공교롭게도 피하기 어려운 곳에서 만나게 된다는 말이다. 보통 사람들에게는 별로 어울리지 않는 말이지만, 정치를 하는 사람들에게는 여전히 유효한 말이다. 적어도 2년이나 늦어도 4, 5년이 지나면 다시 만나 외나무다리 승부를 펼치기 때문이다.

그러나 영원한 승자는 없다. 고심 끝에 지역구를 바꾸어 목표를 이루려고 노력해도 그곳에서 또 다른 상대와 원수가 된다. 그 결과와는 상관없이 적어도 정치를 하는 동안은 이런 피할 수 없는 과정을 반복한다.

병법서 『손자孫子』의 '구지편九地篇'에 보면 다음과 같은 내용이 있다.

"오래전부터 사이가 나쁜 오나라 사람과 월나라 사람이 배를 같이 타고 강을 건넌다고 치자. 강 한복판에 이르렀을 때 갑자기 강풍이 불어 배가 뒤집히려고 한다면 그들은 살아남으려고 평소의 적개심을 접고 서로 왼손과 오른손이 되어 필사적으로 도울 것이다. 바로 이것이다. 전차戰車를 끄는 말들을 서로 붙들어 매고 차바퀴를 땅에 묻고 적에 대항하려고 해봤자 소용없는 일이다. 마지막으로 기댈 수 있는 것은 오로지 죽을 각오로 똘똘 뭉친 병사들의 마음이다."

오나라 사람과 월나라 사람이 같은 배를 탔다는 뜻으로, 적대관계에 있는 사람끼리 이해 때문에 뭉치는 경우를 비유한 '오월동주吳越同舟'의 고사도 여기에서 비롯되었다.

원수 사이라도 한배에 타고 있는 한 목적지에 도착할 때까지는 서로 운명을 같이하고 협력하게 된다는 뜻이다. 살아남는 것이 때로는 어쭙잖은 고리타분한 명분보다 더 낫다. 후일을 기약할 수 있기 때문이다.

나라가 안팎으로 총체적인 위기 상황인데도 정치권은 당파를 초월하여 국난극복을 위해 머리를 맞댈 생각은 아예 없어 보인다. 온통 원수만 남았다. "원수는 순順으로 풀라"라는 말이 있다. 원한

관계는 관용으로 풀어야 후환이 없다는 말이다. 그런데 그게 잘 안 되는 게 현실이다.

우크라이나 전쟁 여파로 세계 경제가 몸살을 앓고 있다. 서민경제는 바닥을 헤매고 있다. 자원이 부족한 우리나라는 그 직격탄을 맞고 있는 형국이다. 거기에다 북한은 국제사회의 경고에도 아랑곳하지 않고 대륙간탄도미사일ICBM 시험발사를 계속하고 있어 불안감은 더 커지고 있다.

'검수완박'을 둘러싸고 극한으로 치닫던 정치권이 이번에는 국회의장이 제시한 중재안에 전격 합의했다. 검찰의 직접 수사를 기존 6대 범죄[경제·부패·공직자·선거·방위사업·대형참사] 수사에서 경제·부패 수사만 남기고 박탈하되, 중대범죄수사청이 설치되면 완전히 폐지한다는 것이다.

그러나 이 중재안은 교묘하게도 핵심은 건드리지도 않았다. 무소속 양향자 의원이 언론 인터뷰에서 밝혔던 "문재인 청와대 사람 20명은 감옥 갈 수 있다"라는 선거 범죄 수사나 공직자 범죄 수사가 홀랑 빠졌기 때문이다. 그러자 이번에는 검찰 수뇌부가 이에 반발하여 줄줄이 사의를 표하고 나섰다. 동아일보 김순덕 대기자는 "여야가 야합해 정치권에 불리한 대목을 들어내고, 국민이 보기에 민망스러워 방위사업과 대형참사까지 뺀 '검수야합' "이라고 혹평했다.

박병석 국회의장은 “더 이상 검찰 개혁을 둘러싼 소모적 논쟁을 중단하고, 앞으로는 민생과 국민을 위한 국회가 돼서 다시 신뢰받기를 진심으로 희망한다”라고 했다. 말은 번지르르하고 그럴듯하다. 수십 년 정치를 한 사람들이 국민 앞에서 부끄러운 기색도 없이 어떻게 천연덕스럽게 그런 말을 할 수 있는지 놀라울 뿐이다.

게다가 민생을 팽개친 국회가 국민의 신뢰를 잃고 있음을 자백하는 걸 보면 저들도 뭘 알면서 저런 짓을 하는 게 틀림없다. 입에 올리기조차도 부끄러운 수준 낮은 말과 행동거지로 하릴없이 시간을 허비하고 있으니, 국민의 눈에 비치는 국회는 백수들의 놀이터가 된 지 오래다.

나라가 위기에 처하면 정치하는 자들은 자기 패거리의 이익을 먼저 걱정하고 챙겼다. 그러나 백성들은 언제나 나라의 장래를 걱정할 뿐이었다. 위정자들이 나라를 망쳐놓은 위기 상황이 닥칠 때마다 백성들은 죽을 각오로 똘똘 뭉쳐 나라를 구해냈다.

그렇게 피 흘려 가며 겨우 나라를 구해놓으면, 그때마다 정치하는 자들은 뒤처리한답시고 또 다른 정치 논리를 앞세워 저들의 이익을 챙기곤 했다. 역사는 우리에게 이런 악순환이 어떤 결과를 초래했는지 잘 가르쳐 주고 있다.

요즈음 나라 경제는 바닥이고 국민은 시름에 잠겨 있는 것을 모르는 사람이 없다. 하물며 나라를 이끌어가는 정치인임에랴. 이런 시국에는 정치지도자들이 마땅히 솔선하여 국론을 모으는 데 앞

장서야 한다. 우선은 난국을 타개하고 보는 것보다 더 시급한 일이 어디 있으랴. 아무리 원수지간이라도 서로 힘을 합쳐 노력하는 시늉이라도 좀 해보면 얼마나 좋을까?

이런 후안무치한 자들의 얼굴을 계속 보기를 원하는가? 이번에는 바꾸어야 한다. 두 번 다시 국민을 우습게 여기지 못하도록 다가오는 선거에서 단단히 버릇을 고쳐야 한다. 국회가 쓸모없는 백수들의 놀이터가 아니라는 것을 확인시켜 주어야 한다.

# 머리 큰 쥐[碩鼠]

## 저렇게 실컷 훔쳐 먹어대고도 설마 아무런 화를 당하지 않을까?

나라가 어지러우면 좋은 세상을 바라는 백성들의 염원을 담은 예언서들이 나타난다. 예언서는 권력으로부터 압박과 착취를 받는 민중들에게 위안이 되는 내용을 담고 있다.

더럽고 사악한 권력을 피하여 숨어 살만한 곳을 10개의 승지勝地라 하여 알려주는 『정감록鄭鑑錄』이나, 말세가 되면 '머리 큰 쥐새끼'가 나타나 나라를 위태롭게 한다는 '석서위려碩鼠危旅'의 예언을 수록한 『송하비결松下秘訣』 등이 대표적이다.

이 가운데 '머리 큰 쥐새끼[碩鼠]'라는 말은 중국의 고전 『시경詩經』 '위풍편魏風編'에 처음 나온다. 왕이 백성들을 쥐어짜며 과중한 세금으로 수탈할 뿐만 아니라, 바르게 국정을 이끌지 아니하고 자신과 왕권만을 위하는 정사를 일삼아 국고를 탕진하는 것이 머리가 큰 쥐와 같다고 풍자하는 내용이다.

'석碩'이라는 한자는 머리가 크다는 뜻으로 많이 배워 머리에 든 게 많아서 '먹을 것'을 찾는 데는 도가 튼 쥐를 뜻한다. 곧 자기 이익에만 충실한 인간이나 권력을 빗대어 쓰는 말로, 권력을 쥐고 제멋대로 구는 나라를 좀먹는 권력이라는 뜻이다.

당송팔대가唐宋八大家의 한 사람으로 이름을 떨친 유종원柳宗元은 『유주문초柳州文鈔』 「잡저雜著」의 '삼계三戒'라는 글에서 자신의 근본을 모르고 날뛰는 사람들을 동물에 비유하여 경고하고 있는데, 그 가운데 쥐[鼠]에 비유한 다음과 같은 내용이 있다.

영주永州 땅에 사는 아무개는 평소 미신을 믿어 두려워하고 꺼림이 특히 심하였다. 그는 자기가 태어난 해가 쥐띠 해이므로, 쥐가 싫어하는 고양이와 개는 기르지 않았다. 하인에게도 쥐를 못 잡게 하고, 곳간과 부엌에서 쥐가 온갖 짓을 멋대로 해도 모두 그대로 두었다.

그러자 온 동네 쥐들이 몰려와 실컷 먹어댔다. 얼마 지나지 않아 방 안에는 온전한 기물器物이 없게 되었고, 횃대에는 온전한 의복이 남아 있지 않았으며, 심지어 식구들은 쥐들이 먹다가 남긴 찌꺼기를 먹을 정도가 되었다.

쥐들은 낮에도 떼를 지어 사람과 나란히 우르르 몰려다니고, 밤이 되면 서로 많이 먹으려고 물어뜯고 격렬하게 싸우며 온갖 기괴한 소리를 질러댔다. 집안사람들은 잠을 잘 수가 없었지만, 주인이 그러하니 참을 수밖에 없었다.

몇 년 후, 그 사람이 다른 고을로 이사를 하게 되었다. 집주인이 바뀌었지만, 쥐들의 행태는 예전이나 다름이 없었다.

사실 문재인 정부가 출범한 지 얼마 지나지 않아 전문가들이 우리나라 가계 빚부채 규모가 국가 경제 규모를 고려한 세계 약 40개 주요국 중 가장 많고, 코로나19 이후 가계 부채가 불어나는 속도도 세계에서 가장 빠르다고 경고한 바 있었다. 조사 대상 국가 가운데 가계 부채 규모가 경제 규모GDP를 웃도는 경우는 우리나라가 유일할 정도였고, 그 오름폭도 모든 나라를 웃도는 부동의 1위였다. 시작하자마자 국가의 경제기반이 뿌리째 흔들리기 시작한 것이다.

나라를 이런 상황으로 몰아넣고도 최장수 경제부총리를 지내고 떠나는 장관은 "코로나19 대응 과정에서 불가피하게 재정 적자가 늘고 국가채무도 빠르게 증가했다"라고 구차한 변명을 늘어놓았다. 그래도 좀 미안했던지 "조세 재정을 지속 가능성 측면에서 늘어난 나라 씀씀이를 정상화하는 노력이 필요하다"라고 말했다. 저들은 맘대로 썼으니 다음 정부는 좀 아껴서 쓰라는 말이다.

문재인 정부는 5년간의 국정운영을 총망라한 총 22권 1만1944

쪽 분량의 역대 정부 백서 가운데 최대 분량의 국정백서를 발간했다. 『위대한 국민과 함께 위기를 넘어 선진국으로』라는 책 제목만 봐도 굳이 읽어보지 않아도 무슨 내용이 담겼는지 충분히 알 만하다. 백서를 발간하면서 문재인 대통령은 자신의 업적은 "역사가 평가할 것"이라고 자신만만했다. 나라꼴을 이 정도로 심각하게 만들어 놓고도, 모르는 건지 애써서 모르는 척하는 건지 저들만이 알 것이다. 얼굴이 두꺼워도 보통 두꺼운 게 아니다.

유종원의 '삼계三戒'는 새로 이사 온 집주인이 마침내 폭발하는 상황으로 이어진다.

"이놈들은 본래 숨어 살며 해를 끼치는 동물인데, 버젓이 대놓고 도적질하고 난폭함이 특히 심하구나. 어찌하다 이 지경에 이르렀단 말인가!"

집주인은 즉시 고양이 몇 마리를 집안에 풀었다. 그리고 하인들에게 쥐를 소탕하라고 명했다. 하인들은 기다렸다는 듯이 문을 닫고, 기왓장을 걷어내고, 쥐구멍에 물을 붓고, 보는 대로 잡아 죽였다. 죽은 쥐들이 언덕처럼 쌓이면서 썩는 냄새가 몇 달이 지나서야 사라졌다. 마침내 쥐들의 오만방자했던 행패는 끝나고 그들의 영화롭던 시절도 막을 내리고 말았다.

유종원이 '삼계三戒'의 마지막 대목에 남긴 말이 우리 가슴에 비수처럼 꽂힌다.

"아! 저놈들은 저렇게 실컷 훔쳐 먹어대고도 아무런 화를 당하지 않음이 영원히 지속될 줄 알았단 말인가[呜呼! 彼以其饱食无祸为可恒也哉]."

'평등'과 '정의', '공정한 사회'를 외치며 출범했지만 끝내는 '위선'과 '독선', 그리고 '무능함'으로 국민에게 좌절과 불신을 안겨주었던 문재인 정부가 막을 내린다. 오늘 밤이 지나면 새로운 정부가 출범한다.

새 정부는 우리에게 어떤 메시지를 던지면서 출발할까?

# 농단壟斷

## 하는 짓이 하도 가소로워 코미디로밖에 보이지 않는다.

중국 전국시대戰國時代 제齊나라 선왕宣王은 맹자를 모셔와 정치 고문으로 삼았다. 그러나 맹자가 제안하는 여러 정책을 받아들이는 데에는 매우 인색하였다. 맹자는 자신의 정치적 이상을 펼칠 수 없다고 판단하여 제나라를 떠나기로 했다.

이 소식을 듣고 놀란 선왕은 급히 사람을 보내, 맹자에게 좋은 집과 1만 종種의 곡식을 녹祿으로 주고 제자를 양성할 수 있도록 하겠다고 제안하며 남아달라고 요청했다. 1종은 6섬 4말이므로 요즘 쌀 한 가마[약 25만 원] 값으로 계산하면 연봉 2백억이 훨씬 넘는 거액에 해당한다.

왕이 보낸 사람을 만난 맹자는 평소 권력과 지위를 이용하여 이익을 독차지하는 부류들을 못마땅하게 여기고 있음을 말하면서, '자신의 정치가 받아들여지지 않으면 욕심을 버리고 그냥 물러설 일'이라는 평소의 신념을 굽히지 않았다.

"만약 내가 부富를 원했다면 나라의 정치고문이라는 신분으로 고작 1만 종을 받겠소? 내 정치적 의견이 받아들여지지 않는데도 봉록俸祿에 욕심을 낸다면, 나는 남의 부귀까지지도 독차지[私壟斷焉]하는 부류밖에 더 되겠소?"라며 선왕이 제의한 1만 종의 봉록은 거들떠보지도 않고 제나라를 떠났다.

농단壟斷이란 "깎아 세운 듯이 높이 솟은 언덕"을 말한다. 맹자가 말한 '농단'이라는 말의 이면에는 시장에서 가장 좋은 자리를 차지하여 이익을 독차지하듯이, 권력을 이용하여 멋대로 좌지우지하는 행동을 비난하는 뜻이 담겨 있다.

원래 시장이라는 곳은 내가 가지고 있는 물건으로 내게 필요한 물건을 서로 교환하는 곳을 말한다. 그러나 어디를 가든 약삭빠르게 목이 좋은 곳을 차지하여 손쉽게 잇속을 챙기는 무리가 있기 마련이다. 이들은 서로 뭉쳐 세력을 형성하며 부당한 가격으로 시장의 원리를 왜곡시킨다. 이런 자들을 일러 사람들은 '모리배謀利輩'라고 손가락질하고, 이들이 하는 짓을 '농단'이라고 한다.

일단 시장을 농단하는 무리가 나타나면 그 시장을 이용하는 백성들의 피해는 두말할 필요가 없다. 이 말은 『맹자』의 「공손추 하公孫丑 下」 편에 나오는데, 원문에는 '壟'이 아니라 '龍'으로 되어 있다. 이 글자가 언덕이라는 의미로 쓰일 때는 '용'이 아니라 '농'으로 읽는다.

오늘날에도 예외는 아니다. 같은 잇속을 챙기려는 사람들이 모여 저들의 이익을 보호하려고 만든 집단을 정치판에서는 '정당'이라고 한다. 한 정당이 나타나면 이들에 대항하는 또 다른 무리가 나타나 더 좋은 이름을 간판으로 내걸고 잇속을 챙기려고 한다.

이들은 서로 높은 언덕을 차지하려고 치열하게 다툰다. 동서고금의 역사 속에서 이런 부류들이 자신이 가진 권력을 이용해 끼리끼리 뭉쳐 국정을 농단했던 사례를 보면, 이들의 행태가 국가와 국민에게 미치는 해악이 얼마나 큰지 알 수 있다.

정치판의 '양두구육' 논쟁이 여야를 구분할 것도 없이 아슬아슬하게 진행되고 있다. 여당에서는 이준석 전 대표가 국민의힘을 상대로 낸 가처분신청이 법원에 의해 일부 인용되었다. 그러자 국민의힘에서는 긴급 의총을 열어 당헌·당규를 정비한 뒤 새로운 비상대책위원회를 구성하기로 했다.

원래 이 문제는 정당 내부의 일이기 때문에 조용히 정치적으로 해결했어야 할 사안이었다. 그런데도 이를 공론화하여 법원은 물론 마치 국민과 싸우려 한다는 오해를 불러일으키는 등의 집단적 오만함에 젖어 있다. 더구나 위기 상황에서 갈팡질팡하는 모습을 보이면서 이제는 문제해결 능력까지 의심받는 지경에 이르렀다.

야당에서도 계파 간 논쟁을 불러일으킨 당헌 개정안이 재투표 끝에 최종 확정됐다. 부정부패와 관련된 법을 위반한 혐의로 기소된 당직자의 직무를 정지시킬 수 있도록 하되, 정치보복으로 인정되는 경우 당무위 의결을 거쳐 취소할 수 있다는 내용으로 수정하여 통과시킨 것이다. 여기서 중요한 것은 '정치보복이라고 인정되는 경우'라는 독소조항이다.

제 딴에는 변명할 구실을 찾느라 온갖 궁리를 했던 모양인데, 며칠 고민 끝에 내놓은 묘안(?)이라는 게 한심할 정도로 어이가 없다. 국민을 바보로 여기는 게 아니라면 어떻게 이렇게 두루뭉술하게 넘어가려는 건지 이해할 수 없다는 반응이 대부분이다.

냉동고에는 팔고 싶은 개고기를 잔뜩 쌓아놓고 입구에는 양羊 머리를 걸어놓은 것과 뭐가 다르냐는 것이다. 여야 모두 하는 짓이 하도 가소로워서 국민의 눈에는 코미디로밖에 보이지 않는다.

지금 우리 사회에는 이런 부류들이 돈과 권력, 유명세에 취약한 구조적 허점을 파고들어 곳곳에 뿌리를 내려 패거리를 형성하고 있다. 이들은 약삭빠르게 사회 구석구석을 훤히 내려다 볼 수 있는 높은 자리에 올라 자신들의 권력과 지위를 이용하여 농단을 계속하고 있다.

법원의 결정에 이의를 제기하면서 양두구육 논쟁은 새로운 국면에 접어들었다. 더 높은 언덕을 차지하려는 이들의 2라운드 싸움은 어떤 결과를 가져올까? 이 대결이 끝나면 다음 볼거리가 기다리고 있다. 바로 새로운 야당 지도부가 보여줄 코미디 한 마당이다.

여야 모두 민생은 뒷전인 채 주도권 싸움의 양상은 갈수록 거칠어지고 있다. 불황에 지친 국민은 불안한 모습으로 지켜보고 있다.

# 두 번째 마당

# 총명한 듯,
# 어리석은 듯
# (難得糊塗)

難得
糊塗

총명하기도 어렵지만 어리석기도
어렵다. 총명하면서 어리석게
보이는 것은 더욱 어렵다.

石湖

# 지식인의 두 얼굴

## 어찌 그 사람됨을 감출 수 있으리오!

노블레스 오블리주noblesse oblige라는 말이 있다. 높은 사회적 신분을 가진 사람들이 가져야 하는, 그 지위에 상응하는 도덕적 의무를 뜻하는 말이다. 사회적 리더로 인정받기 위해서는 높은 도덕의식을 가져야 한다는 것이다. 오늘날 존경받는 지식인으로서의 사회적 위치는 그래서 더욱 중요하다.

그런데 지식인으로서의 사회적 위치를 이용하여 사리사욕을 추구하고 지식인의 본무本務인 사회정의의 실현에는 아무 관심이 없는 사람들이 있다. 옛 어른들은 이들을 일러 사이비 지식인 즉, '향원鄕原'이라 불렀다.

"향원은 도덕을 훔치는 자이다[子曰鄕原德之賊也]." 공자께서 하신 말씀이다. 공자는 "내 집 앞을 지나가면서 내 집에 들어오지 않아도 섭섭하게 여기지 않을 자는 오직 향원뿐이다. 그들은 '도덕을 훔치는 자賊'이기 때문이다."

공자는 계속하여 일갈한다.

"그들의 말이 또 얼마나 번드르르한가! 말은 스스로의 행동을 돌아보지 않고, 행동은 스스로 한 말을 돌아보지 않으면서도, 입만 열면 옛 성인을 말한다. 그들의 행동이 또 얼마나 그럴듯한가! 세상 사람들 모르게 은밀히 재빠르게 세상에 영합하는 자가 바로 그들이다."

한 제자가 맹자에게 물었다.

"일정 집단 내에서 독실한 인물로 통하면 어딜 가든 항상 독실한 인물로 통할진대, 공자가 왜 그런 훌륭한 인물을 '도덕의 적賊'으로 규정했습니까?"

맹자가 대답했다.

"향원에 속하는 부류들은 비판하려고 해도 꼬집을 데가 없고, 비난하려고 해도 나무랄 데가 없다. 왜냐하면, 이미 속된 무리의 논리에 동화하고 세속의 부패에 젖어 있기 때문이다. 그들의 처신은 충직하고 믿을 수 있는 것처럼 보이고[似忠信], 행실은 염치가 있고 고결한 것처럼 보여서[似廉潔] 뭇 사람들이 다 좋아한다. 그러나 그들은 늘 저 스스로 항상 정의롭다고 여기면서도[自以爲是], 사실은 사회정의를 실현하는 데에는 관심이 없다. 그래서 '도덕의 적賊'

인 것이다.”

향원의 가장 큰 특징은 바로 자신이 살아온 과거에 대하여 진솔하게 반성하거나 되돌아보기는커녕, 항상 자부와 긍지를 가지고 자신의 태도를 적극적으로 변호[自以爲是]한다는 데에 있다. 그래서 그들은 자신의 이미지 관리에 매우 철저하다. 그러나 이들이 일부 특정 집단의 눈과 귀는 속일 수는 있을지라도, 세상 모든 사람을 속일 수는 없다. 결국 그들에게 붙여진 ‘충직함, 신실, 염치, 고결함’의 수식어는 시간의 차이일 뿐 모두 거짓임이 드러난다.

일찍이 율곡栗谷은 『성학집요聖學輯要』에서 향원을 이렇게 정의하였다.

“탐관오리나 아첨꾼은 소인의 전형으로서 누구나 어렵지 않게 간파할 수 있으나, 유독 사이비似而非한 인물만은 그 실체를 알아보기가 쉽지 않다. 낯빛은 근엄하고 입은 옳은 소리만 하는지라 자태와 언행이 참된 군자의 그것과 닮아 있고[似], 온전하고 허물이 없는 군자의 행실과 비슷하기[似] 때문이다. 이들은 음흉하게 세상에 아부하면서도 항상 자기가 옳다고 주장하며[自以爲是] 속된 무리와 한패가 되어 무사안일과 비겁한 적당주의에 안주함으로써, 결국은 혹세무민보다 국가 사회에 더 심대한 해악을 끼친다. 이들이 바로 향원이다.”

즉, 향원은 비록 학문은 익혔으나 그 정의의 실현에는 관심이 없고, 배운 지식을 수단으로 삼아 현세적 '명예와 이익名利'의 추구에 급급한 소인小人의 대명사라는 것이다. 그래서 성현들이 향원을 비판하는 초점은, 그들이 얻은 사회적 지위를 이용하여 행사하는 영향력에 있었다. 즉, 가라지[피]가 잡초 속에 들어있지 않고 논밭에 있으면서 마치 곡식인 양 행세하여 그 성장을 방해하고 있음이 문제이듯이, 향원들이 그냥 조용히 속된 무리 속에 묻혀 지내지 않고 사회 지도층의 반열에 올라 마치 덕이 있는 자[有德 者]인 양 행세를 함으로써, 결국 참된 덕德의 실현을 방해하고 있음이 문제가 된다는 것이다.

이 나라에서 출세하려면 기본으로 갖추어야 할 몇 가지가 있다. 위장 전입과 탈세, 편법 증여, 논문 표절, 부동산 투기 등이다. 정치권을 보면 참 재밌다. 여야가 서로 바뀌면 언제 그랬냐는 듯, 같은 일을 두고 말을 바꾸면서 서로 비난한다. 서로 자기네들이 깨끗한 정치인이라고 우긴다.

저잣거리에서는 이들의 저급하고 비열한 두 얼굴의 행태를 이해하지 못한다. 상식 수준에도 못 미치기 때문이다. 코미디도 이런 저질 코미디가 없다. 이들이 바로 향원에 다름 아니다.

공자께서 말씀하셨다.

"그 사람이 하는 짓을 보고 그 사람이 걸어온 길을 살피고 그 사람이 어떤 것에 만족을 느끼는지를 관찰해 보면 어찌 그 사람됨을 감출 수 있겠는가[子曰 視其所以, 觀其所由, 察其所安, 人焉廋哉, 人焉廋哉]!”

노암 촘스키Noam Chomsky도 자신의 저서 『지식인의 책무』에서, 지식인의 책무는 ‘진실을 말하는 것’이라고 정의했다. 스스로 지식인의 반열에 들어있다고 생각한다면 그 지위에 상응하는 도덕적 의무를 먼저 떠올려야 한다.

손바닥으로 얼굴을 가릴 수는 있다. 그러나 어찌 하늘까지 가릴 수 있으리오. 저잣거리의 민심을 결코 가벼이 여기지 말지어다.

## 비루鄙陋한 충성

### 부하의 삐뚤어진 충성은 윗사람을 해치고 나라를 망친다.

춘추시대 정鄭나라가 진晉나라를 배신하고 초楚나라와 동맹을 맺자, 진 여공晉厲公은 군사를 이끌고 정나라를 쳐들어갔다. 다급해진 정나라가 초나라에 구원을 요청하자, 초 공왕楚共王은 원병을 보냈고 두 나라 군대는 언릉鄢陵에서 대치했다.

전투가 한창일 때 초나라군 지휘관 자반子反이 목이 말라 마실 것을 찾았다. 시종 곡양谷陽이 얼른 달려왔다.

자반이 말했다.

"이건 술이 아닌가? 물려라."

그러자 곡양이 말했다.

"술이 아닙니다."

그는 곡양의 말을 곧이 듣고 벌컥벌컥 들이마셨다. 자반은 평소 술을 무척 좋아했다. 일단 한 잔 들어가면 끝을 봐야 할 만큼 술을 좋아하던 그는 끝내 취해버렸다. 이 전투에서 초나라는 참패하고 공왕은 화살을 맞아 한쪽 눈을 잃었다.

전열을 가다듬은 초 공왕이 역습하기 위해 장군 자반을 불렀다. 그러나 자반은 "몸이 아프다"라며 출전이 어렵다는 전갈을 보내왔다. 다급해진 공왕은 말을 몰아 그의 막사를 직접 찾았다. 자반은 침대 위에 널브러져 있고 막사 안에는 술 냄새가 진동했다. 공왕은 곧바로 군대를 철수시키고 환궁했다. 그리고 자반의 목을 베어 저잣거리에 내걸었다.

한비자는 "곡양이 물 대신에 술을 바친 것은 그를 충심으로 모셨기 때문이다"라고 설명했다. 그러나 그의 '비루한 충성'이 '바른 충성'을 해쳐 오히려 상관을 죽게 하고 나라마저 망하게 했다고 평가했다. 부하의 삐뚤어진 충성이 빚어낸 참극을 지적한 것이다.

조조가 임종에 이르자 사마의를 불러 아들 조비와 사직을 부탁했다. 사마씨 일족은 전권을 장악했다. 그들은 정치적 감각이 뛰어났고 지략도 남들을 능가했다. 더구나 이들에게는 가충賈充이라는 뛰어난 참모가 있었다.

사마의의 뒤를 이은 사마소가 권력을 농단하자 황제 조모는 그를 제거하기로 했다. 그는 황궁에서 자신의 처소를 지키는 숙위,

노복, 시종 등 3백여 명을 직접 이끌고 사마소의 집을 급습했다. 갑작스러운 기습에 놀란 가충이 부하들을 급히 모아 황제의 군대를 막아섰다. 사마소의 병사들은 황제가 직접 이끌고 온 군대를 보자 어쩔 줄 모르고 우왕좌왕하고 있었다.

부하인 성제成濟라는 자가 머뭇거리며 가충에게 물었다.

"어찌하면 좋을까요?"

가충이 꾸짖었다.

"사마공께서 그동안 너희를 먹이고 키워 오신 것은 오늘 같은 날을 위해서였다. 물을 것이 뭐가 있느냐?"

성제는 곧바로 창으로 황제 조모를 찔러 죽였다. 사마소는 보고를 받고 짐짓 놀라는 척 호들갑을 떨며 통곡했다. 그러고는 문무 관원을 모두 궁궐로 모아놓고 황제를 시해한 부하 성제에게 모든 죄를 뒤집어씌웠다.

성제의 일족은 반역이라는 죄명을 쓰고 멸문지화를 당했다. 과잉 충성이 빚어낸 결과였다.

'과잉 충성'이란 권력이 있는 자의 부하들이 '충성'을 명분으로 하여, 위로부터 직접적으로 명령 받지 않았음에도 불구하고 미리 예단하여 극단적인 행동을 저지르는 것을 뜻한다. 주로 무소불위의 권력을 자랑하는 독재자의 부하들이 저지르는 경우가 많다.

특히 권위적인 지도자가 속한 집단일수록 과잉 충성의 정도가 강해진다. 때로는 권력자가 직접 지시해놓고 일이 커지게 되면 부하를 희생시키고 꼬리를 자르면서 '나는 모르는 일'이라고 잡아떼는 경우도 허다하다.

미국 워싱턴 정가에 '사일로Silo 충성'이라는 말이 있다. 사일로는 농장에서 곡식을 저장해두는 원통형의 저장고를 말한다. 기업이나 조직에서 각 부서가 사일로처럼 담을 쌓고 자기 부서만의 이익을 추구하는 현상을 말한다. 자기 부서의 이익관리에만 치중하게 되면 조직 내에서 협업이나 소통에는 소홀해지고, 결국 기업 전체의 경쟁력을 잃어버리고 만다. 이를 '사일로 효과silo effect'라고 한다.

오늘날 우리 사회에도 이런 무리가 대로를 활보하고 있다. 대권욕에 눈먼 대선 후보들은 국익은 뒷전이고 사사건건 아전인수식으로 해석하며 줏대 없이 갈지자 행보를 하고 있다. 이들 곁에는 자기 무리를 비판하는 사람에게 사정없이 독설을 퍼부어대는 비루한 충성파들이 넘쳐난다.

때(?)가 다가오자 국민과 국가는 안중에도 없고 오로지 대통령만 바라보며 자신의 이익만을 탐해왔던 무리가 또다시 그 추한 민낯을 드러내고 있다. 입에 올리기조차도 부끄러운 그들만의 충성이 넘쳐나는 세상을 보고 있으려니 숨 가쁘도록 어지럽고 혼란스럽다. 진정한 지도자는 한쪽의 지지만을 등에 업고 거기에 편승하려 하지 않는다. 예나 지금이나 국민은 상대의 목소리를 경청하고 존중하며 국익을 위해 고민하는 지도자를 원하고 있다.

우리에게는 너무나 가혹한 시련의 계절이다. 그래도 때가 되면 척박한 땅에서도 싹을 틔우는 대지처럼, 힘든 고비마다 국난의 시련을 이겨내고 면면히 이어온 민족의 위대한 역량은 오늘의 이 시련도 슬기롭게 극복해 나가리라고 믿는다. 밤이 아무리 깊고 어둡다 한들, 곧 새벽이 온다는 진리를 알기 때문이다.

# 염치廉恥없는 사람들

## 부끄러움을 모르면 얼굴색이 변하지 않는다.

『관자管子』의 '목민편牧民篇'에 다음과 같은 내용이 있다.

"나라에는 네 가지 강령이 있다[國有四維]. 그 가운데 하나가 끊어지면 나라가 기울고, 두 가지가 끊어지면 위태로워지고, 세 가지가 끊어지면 뒤집히고, 네 가지가 끊어지면 망한다. 기우는 것은 바로잡을 수 있고, 위태로운 것은 안정시킬 수 있으며, 뒤집히는 것은 일으켜 세울 수 있지만, 망한 것은 다시 일으킬 수 없다[國有四維, 一維絶則傾, 二維絶則危, 三維絶則覆, 四維絶則滅. 傾可正也, 危可安也, 覆可起也. 滅不可復錯也]."

관중管仲은 이 글을 통해 나라를 경영하는 사람이 반드시 유념해야 할 덕목을 열거한 것이다. 이후 역대 모든 목민관은 이 글을 금과옥조로 받아들이며 국가를 바르게 경영하는 지표로 삼아왔다.

후대에 오면서 여기에다 '효제충신孝悌忠信'의 네 가지 덕목을 추가하여 여덟 가지 덕[八德]이라 했다. 앞서 네 가지 강령이 나라를 경영하는 데에 필요한 덕목이라면, 효제충신은 인간관계에서 지켜야 할 덕목이다.

정치인들이 국가를 경영하면서 이를 잘 지켜 국정을 바르게 세우고, 백성들이 인간관계에서 필요한 효제충신의 네 가지 덕목을 잘 지켜나간다면 이것이야말로 천하가 태평성대를 누리는 시대가 되는 것이 아니겠는가. 따라서 팔덕八德은 정치를 하는 사람이나 이들을 믿고 따르는 백성이 각자가 자기 위치에서 스스로 지켜야 할 기본적인 도덕률이다.

매번 대통령 선거 때가 다가오면 대선주자들의 움직임은 늘 숨가쁘게 돌아가기 시작한다. 모두가 자신이 국가경영의 최고 책임자로서 가장 적합한 사람이라고 선전하면서 쉬지 않고 저잣거리를 누빈다. 뛰는 그들만큼이나 매스컴을 통해 이를 지켜보는 일반 소시민의 호흡도 덩달아 가빠지게 마련이다.

그런데 자세히 보면 정치를 하는 사람들에게는 너 나 할 것 없이 공통되는 부분이 있다. 자신의 장점을 내세울 생각은 뒷전이고, 경쟁자의 치부恥部를 밝혀내기 위해 사생결단을 하는 모습이 바로 그것이다. 상대의 과거 행적을 이 잡듯이 뒤져 조금이라도 의심스러운 부분이 있으면 이를 살짝 포장(?)해서 슬그머니 흘린다.

그것이 의혹의 대상이 되어 언론의 관심을 받게 되는 것만으로도 상당한 수확이요, 만약 사실로 밝혀지면 그야말로 대박이다. 선거전에서 확실한 도덕적 우위를 점하는 방법으로 상용되는 수법이다. 이 때문에 서로 폭로하는 내용이 너무 살벌해서 당사자에게는 상처로 남을 수밖에 없다. 당사자나 지켜보는 국민이나 아슬아슬하기는 매한가지다.

국민은 이들에게 묻고 있다. 바로 관자가 지목한 나라 경영의 네 가지 덕목에서 모두 얼마나 자유로운가 하는 점이다.

첫째, 당신은 절도를 넘지 않는 예禮가 있는 후보인가.

둘째, 내가 적임자라고 우기지 아니하며 스스로 나서지 않는 의로움[義]이 있는 후보인가.

셋째, 청렴하고 결백한 사람인가. 그래서 혹시라도 지난날 잘못된 행적이 있다면 이를 굳이 은폐하지 아니하고 솔직하게 용서를 구하는 염廉을 가진 후보인가.

넷째, 혹시라도 과거에 그런 일이 있었다면, 자신의 잘못을 부끄러워하는 치恥를 아는 후보인가.

누가 더 흠이 많고 깨끗하지 못하며 부끄러움을 모르는 후보인지 지켜보는 국민은 다 알고 있다. 염치를 모르면 얼굴색이 변하지 않는다. 낯가죽이 두꺼워 부끄러움을 모르기 때문이다. 부끄러운 짓을 해놓고도 부끄러움으로 알지 못하는 뻔뻔스러운 행위를 가리켜 "파렴치破廉恥하다"라고 하는데, '후안무치厚顔無恥'라는 옛말이 그래서 생겨났다.

자공子貢이 이웃 나라 재상으로 초청을 받아 벼슬길에 나서면서 스승인 공자에게 "정치를 하려면 무엇을 먼저 해야 합니까?"라고 물었을 때, 공자는 주저 없이 신의信義를 강조했다.

무릇 국가를 경영하는 사람이라면 극한적인 상황에 부닥쳐 군대와 식량을 버리는 한이 있더라도 백성들에게 절대 신의를 잃으면 안 된다고 일러준 것이다. 신의는 곧 정치인이 지녀야 할 기본 덕목이다. 시대가 바뀌고 세상을 살아가는 방식이 첨단으로 변한다고 해도 인간으로서의 기본적인 도리는 절대 바뀌지 않는 법이다.

중국에서는 예로부터 이 여덟 가지 덕[八德]을 망각하고 함부로 행동하는 사람을 가리켜 '왕빠[忘八]'라 하여 사람 취급을 해주지 않았다. 지금도 중국에서는 상대를 나무랄 때 가장 심한 욕辱으로 통용되고 있다. 염치를 모르고 행동한다는 뜻의 파렴치破廉恥나, 인간으로서 갖추어야 할 기본적인 덕德을 망각한 사람을 욕하는 뜻의 왕빠단[王八蛋] 모두, 사람이 기본으로 갖추어야 할 덕목을 갖추지 못했을 때 세상 사람들의 입에 오르내리는 가장 험한 말이라 하겠다.

국민은 국가를 경영하겠다고 나서는 이들이 여덟 가지 덕목을 모두 갖춘 사람이기를 바라는 게 아니다. 적어도 지난날 자신의 행동에 대해 부끄러워할 줄 아는 염치 있는 사람을 원하는 이유도 여기에 있지 않겠는가.

## 어수룩함[糊塗]의 지혜

**총명함을 감추고 어수룩하게 보여라. 오히려 득을 본다.**

중국의 속담에 "친구가 늘어나면 길이 많아지고, 적이 많으면 장벽이 더해진다"라는 말이 있다. 자신의 재주만 믿고 오만한 자는 흔히 이런 잘못을 저지르기 쉽다는 경고의 말이다.

우리가 어려서부터 어른들께 배우는 것 가운데 '인간의 처세'에 대한 이야기가 많다. 모두 원만한 인간관계를 형성하는 지혜를 터득하라는 내용이다. 즉, 살아가면서 될 수 있으면 다른 사람으로부터 미움을 사는 일을 하지 말고 적을 만들지 말라는 가르침이다. 아무리 뛰어난 재주를 가지고 있다고 하더라도, 다른 사람에게는 늘 조금 부족한 듯 보이게 하는, 이른바 '처세의 기술'을 말한다.

청나라 때 양주팔괴揚州八怪의 한사람으로 이름을 날린 문장가 판교板橋 정섭鄭燮이 잠시 관리로 근무하고 있을 때, 어느 날 사촌이 보낸 편지 한 통을 받았다. 내용인즉, "이웃집과 담장 경계 문제로 재판이 진행되고 있으니, 담당 관리에게 잘 부탁해 도와 달라"는 청탁이었다. 예나 지금이나 관직에 있으면 흔히 일어나는 일인데다가, 사촌 형제 사이이니 부탁하기는 더없이 좋은 관계였으리라.

편지를 받아든 정 판교는 조금도 주저하지 않고 곧바로 답장을 썼다. "총명하기도 어렵지만 어리석게 보이기도 어렵다. 총명함을 잃지 않은 채 어리석게 보이기는 더욱더 어렵다. 집착을 버리고 한 걸음 물러서서 욕심을 내려놓으면 마음이 편안하다. 훗날 복을 받고자 함이 아니니라[聰明難, 糊塗難, 由聰明而轉入糊塗更難, 放一著, 退一步, 當下心安, 非圖後來福報也]."

그러면서 답장 끝에 "담장을 몇 자 집 쪽으로 양보하는 게 어떤가?"라고 충고의 글을 남겼다. 조금 손해를 감수하고 어리숙한 듯이 처신하라는 내용이었다. 정 판교는 그 답장이 든 꾸러미 속에 '난득호도難得糊塗'라고 친필로 쓴 편액도 함께 보냈다.

'호도糊塗'라는 말은 어떤 사실을 얼버무려 넘김으로써 자신의 속내를 감추는 것을 이른다. 그래서 '난득호도難得糊塗'의 의미는 '똑똑한 사람이 어리석은 사람처럼 보이며 살기는 힘들다'라는 뜻이다. 자기를 낮추고 남에게 모자란 듯 보이는 것이 결국에는 현명한 처세가 된다는 이 말은, 오늘날 사람들 사이에 가장 많이 회자되는 격언이 되었고 또 가장 많이 선호하는 가훈이 되었다.

요즘 세상은 어떤가! 다들 저 잘난 맛에 산다. 한발 물러서면 마치 죽는 것으로 생각한다. 손해 보는 것은 죽기보다 더 싫어한다. 기를 써서라도 지키려고 한다. 패가망신하는 지경에 이르러도 손에 한 번 움켜쥔 것은 절대로 놓으려고 하지 않으려고 발버둥을 친다. 더 가지고 다 차지하려다가 결국에는 한꺼번에 모두 잃는다. 정치판에서는 말할 필요도 없다. 요즘 뉴스에서 자주 접하는 게 이런 사건들이다.

이럴 때일수록 '난득호도'의 자세가 필요하다. 자신을 낮추고 상대방을 존중하며 때로는 침묵하는 지혜를 가진 예의 바른 사람, 이런 사람이야말로 세상을 지혜롭게 살아가는 총명한 사람이라 할 것이다.

우리는 예로부터 겸양謙讓을 처신의 미덕이자 삶의 지혜로 삼아왔다. 자신의 날카로움을 감추고 겸손한 태도를 보여야 한다는 것이 핵심이다. 다소 어수룩해 보이는 모습은 손해가 아니라 오히려 득을 본다는 역설적 가르침이었다. 이는 누구나 스스로 자기의 삶을 통해 평생토록 견지해야 하는 기본 가치로 인식되었다.

그러고 보니 언제부터인가 반듯한 사람이 그리워지는 세상이 되고 말았다. 일상에서 늘 낯가죽이 두꺼운 사람들을 접하다 보니, 어느새 나조차도 사리를 제대로 분간하지 못하게 된 게 아닌가 싶다. 그런데 따지고 보면, 난득호도難得糊塗를 좌우명으로 삼을 것이 아니라 차라리 모두 사리 분별에 소홀함이 없도록 총명해지기를 힘써야 하지 않겠는가.

거울 앞에 서서 자세를 바로잡고 옷깃을 여미며 거울 속의 나를 바라본다.

# 정치인의 삼어三語

## 분쟁을 조정하고 양쪽 모두를 만족시켜주는 현명한 화술

후한後漢 말 환제桓帝는 환관宦官의 힘을 이용해 외척 양기梁冀를 제거했다. 이 사건을 계기로 환관들은 내정에 간섭하기 시작하고 자기 일족을 지방으로 파견하여 농민의 토지를 강제로 빼앗는 등 횡포가 심했다. 국정이 문란하고 관료들의 부정부패가 극심해지자 마침내 황건적黃巾賊의 난이 일어났고, 결국 후한은 멸망의 길을 걷게 되었다.

계속되는 정변으로 수많은 관료가 억울하게 목숨을 잃었다. 정국이 불안해지자 지식인들 사이에서는 난세에 목숨을 부지하기 위해 산속으로 도피하거나, 재야在野로 물러나 정치 비판과 인물 평론을 중심으로 세태를 풍자하는 현상이 크게 유행하였다. 그런데 이런 풍조 속에서도 어떤 사람들은 운 좋게 몇 마디의 묘한 언변으로 벼슬자리에 오르기도 했다.

어느 날 당시 사도司徒라는 최고의 관직에 있으면서 죽림칠현의 한 사람으로 이름을 날리던 왕융王戎이 원첨阮瞻이란 자에게 물었다.

"유가儒家의 성인들은 가르침을 중시하고 노자, 장자는 자연을 중시하는데 당신이 보기에는 두 학설이 비슷한가, 아니면 다른가?"

이에 원첨은 한 마디 세 글자로 잘라 말했다.

"같다고 하지 않을 수 없습니다[將無同]."

같다는 말인지 다르다는 말인지, 분명치 않게 말하여 듣는 사람으로 하여금 자기 입장에서 해석하기 좋은 방향으로 유도하는 교묘한 말솜씨였다.

왕융은 원첨의 언변에 감탄하며 그에게 벼슬자리를 주었다. 당시 사람들은 원첨의 처세술과 단 세 글자의 화려한 언변을 입에 올리며 그를 일러 '삼어관리三語官吏'라고 비꼬았다.

역사상 중국인들로부터 최고의 명장名將이자 충신忠臣의 한 사람으로 추앙받고 있는 남송南宋 악비岳飛의 억울한 죽음에도 안타까운 이야기가 전해온다. 당시 악비는 금金나라 침입을 물리친 구국의 영웅으로 국민적인 추앙을 받고 있었다.

재상의 자리에 있으면서 금나라와 내통한 진회秦檜는 명장 악비의 활약이 걸림돌이었다. 그는 악비를 죽이기 위해 그의 전공을 조작하고 갖가지 죄를 만들어 황제에게 보고했다. 황제는 그의 꼬임에 속아 금나라 군과 싸우고 있던 악비를 불러들여 옥獄에 가두었다.

악비와 함께 전장에서 악전고투하면서 싸웠던 장수 한세충韓世忠이 분개하여 진회를 찾아가 따져 물었다.

"도대체 그에게 무슨 죄가 있다는 건가?"

진회의 대답도 단 세 글자였다.

"아마 없다고 하지 않을 수 없을걸[莫須有]."

알 듯 모를 듯한 진회의 대답에 기가 막힌 그는 악비를 구할 수 없음을 느끼고 곧바로 벼슬을 버리고 낙향하고 말았다.

역사적 사건 속에서 '장무동將無同'이나 '막수유莫須有' 같은 화법은 능력이 없으면서도 출세를 지향하는 소인배들이나 권력을 가진 간신들이 난처한 순간을 모면하기 위해 사용하는 바람에 후세 사람들에게 좋지 않은 뜻으로 회자되지만, 때로는 분쟁을 조정하고 시비를 하는 양쪽 모두를 만족시켜주는 현명한 화술이 되기도 했다.

이렇게 묘한 말 한마디로 어느 날 갑자기 벼슬자리에 오르는 소인배나 위선자들이 늘어나자 관직에 따른 권위가 무너지는 건 당연한 일이었다. 겉으로는 군자인 척하지만 실제로는 소인배나 다름없는 사람들이 실력 있는 지식인으로 이름을 날리는 경우가 허다했기 때문이었다.

순간적으로 말을 뒤섞어 윗사람의 뜻을 거스르지 않는 일은 아무나 할 수 있는 게 아니다. 그렇다고 적당한 대답을 내놓지 못하면 무능하다는 비난을 피하기 어렵기 때문이다. 이럴 때 말의 핵심을 흐려 위아래 사람의 뜻을 적절히 아우르는 요령은 예로부터 지식인들이 갖추어야 할 필요한 기교로 통했다. 교묘한 말재주를 뜻하는 '삼어三語'는 그래서 생겨난 고사이다.

예나 지금이나 정치권에 있는 사람들이 쏟아내는 말을 두고 갖가지 해석이 늘 분분했다. 의사당 내에서는 직설적인 화법으로 거침없이 말하다가도, 밖에 나와서 기자가 그 정확한 뜻을 확인하려고 마이크를 들이대면 안색도 바꾸지 않고 삼어三語와 같은 선문답을 늘어놓는다. 특히 대중적인 지지를 많이 받는 정치지도자일수록 이런 삼어식 화법에 아주 능숙하다. 이들은 다툼의 현장에서 어느 한쪽 편을 들기를 주저하기 때문이다.

어떤 사건들이 터질 때마다 정치인들은 모두 하나 같이 그게 사실인지 아닌지 알 수 없는 갖가지 '삼어三語'들을 쏟아내고 있다. 우리 정치권에도 정치생명을 걸고 소신 있게 바른말을 하는 사람을 언제쯤 볼 수 있을까? 비록 당장은 귀에 거슬리는 말 때문에 손해를 보더라도, 긴 안목으로 나라와 민족의 장래를 생각하는 곧은 정치인이 그리운 시기이다.

## 탈가稅駕의 교훈

### 권력만을 좇아 앞만 보고 달려온 무상한 인생역정에 대한 후회

진秦나라의 천하통일 대업을 끌어낸 이사李斯는 승상의 자리에까지 오르며 무소불위의 권력을 휘둘렀다. 『사기史記』「이사열전李斯列傳」에 보면, 그러던 그가 어느 날 자신의 처지를 돌아보며 다음과 같이 탄식했다는 기록이 있다.

"나는 본래 상채上蔡라는 곳의 평범한 백성이었거늘, 황제께서 나의 불민함을 모르시고 발탁하셔서 이 자리에 이르렀다. 이제 신하들 가운데 나보다 높은 자가 없으니, 내 부귀가 극極에 달했다고 할 수 있다. 사람이 최고의 자리에 오르면 마침내 쇠衰하는 법, 이제 나는 어디쯤에서 수레에서 내려야 좋을지 알 수 없구나[吾未知所稅駕也]."

탈가稅駕, 즉, '멍에를 벗는다'라는 말은 '수레에서 내린다'라는 뜻으로 '높은 자리에 있을 때 처신을 조심하라'라는 의미로 이 고사에서 유래한 성어다. 결국 그는 황제가 병사한 뒤 권력다툼 과정에서 환관 조고趙高의 모략에 걸려들어 허리를 베어 죽이는 요참형腰斬刑을 당했다.

이사는 둘째 아들과 함께 형장으로 끌려가면서 통곡했다.

"너와 함께 다시 누렁이를 끌고 동문 밖으로 나가 토끼사냥을 하고 싶지만 이미 틀렸구나[牽犬東門 豈可得乎]."

돌이킬 수 없는 삶에 대한 회한과 부질없이 권력만을 좇아 앞만 보고 달려온 무상한 인생역정에 대한 후회의 울부짖음이었다. 후세 사람들은 권력욕과 명예욕에 눈이 멀어 불운을 자초한 그의 죽음을 안타까워하면서 그의 유언을 '동문견東門犬'이라 불렀다.

진晉나라의 육기陸機는 하교河橋 전투에서 패했다가 사람들의 모함을 받아 죽임을 당했다. 그의 할아버지는 삼국시대 오나라의 명장으로 이름을 날리던 육손陸遜이었다.

그는 사형이 집행될 때 이제 다시는 고향으로 돌아가 학 울음소리를 들을 수 없게 되었음을 한탄하며 눈물을 흘렸다. 그의 고향 화정華亭은 오늘날 상해 송강현松江縣의 옛 이름이다. 훗날 사람들은 옛날 일을 그리워하거나 벼슬길에 나아갔어도 큰 뜻이 좌절되어 후회하는 심정을 나타낼 때 '화정학려華亭鶴唳'라고 하여 육기의 고사를 인용하곤 했다.

송宋나라 때 유의경劉義慶이 후한後漢 말부터 동진東晉까지 명사들의 일화를 모아 편집한 『세설신어世說新語』의 「우회尤悔」에 실려 있다.

이와는 대조적인 삶을 살았던 사람으로 진晉나라 때의 장한張翰을 꼽는다. 그는 성격이 자유분방하여 누구와도 잘 어울렸고 특히 글을 잘 지었기 때문에, 사람들은 그를 일러 죽림칠현竹林七賢 중의 한 사람인 완적阮籍에 비견하곤 했다.

그는 낙洛 땅에 들어가 제왕齊王 밑에서 벼슬살이를 하고 있었다. 어느 무더운 늦여름 날 아침, 뜰에 나왔다가 가을바람이 불어오는 것을 보고 불현듯 고향인 오군吳郡 땅에서 어릴 때 자주 먹었던 농어회와 순채국이 생각났다. 그는 크게 느끼는 바가 있어 곧바로 벼슬을 내던지고 수레를 돌려 고향으로 돌아갔다.

성남시 대장동 개발 비리 사건이 터지고 나서 그 후폭풍으로 온 나라가 시끄럽다. 이런 사건들이 터질 때마다 어쩌면 하나같이 부동산 투기, 뇌물, 탈세와 같은 죄질이 나쁜 의혹이 꼬리표처럼 따라다니는지 신기할 정도다. 오죽하면 여론마저도 이런 정도의 의혹이라면 유사 이래 최대의 비리 사건이 될 것이라는 저잣거리의 소문으로 개탄할 정도겠는가. 더구나 언제 끝날지 기약도 없어 보이니 지켜보는 우리로서는 답답한 마음이 응어리로 남는다.

예로부터 권력은 아침이슬[朝露]이라 했다. 영롱한 모습으로 잎사귀 끝에 달려 있다가 해가 중천에 떠오르면 사라져버린다. 그래서 사람들은 권력도 인생처럼 부질없이 무상한 것이라 표현했다.

이백李白도 「행로난行路難」이라는 시에서, “육기는 뛰어난 재주로도 제 몸 보전 못 했고, 이사는 진작 수레에서 내리지 못했음을 괴로워했네[陸機雖才豈自保 李斯稅駕苦不早]”라고 노래했다.

자신의 허물을 돌아보지 아니하고 남의 허물만 들추려고만 애쓰는 지체 높으신 분(?)들께 권하고 싶다. 비록 늦여름 아침에 불어오는 가을바람에 느낀 바 있어 벼슬을 버리고 홀연히 수레를 돌려 고향으로 내려간 장한은 본받기 어렵더라도, 누렁이를 몰고 매鷹를 띄우며 아들과 사냥할 때를 놓친 것을 두고 통한의 눈물을 쏟은 이사와, 고향마을의 학 울음소리를 다시 들을 수 없음을 한탄하며 형장의 이슬로 사라진 육기의 고사를 돌아보기를 말이다.

## 겸손함의 미덕

**전문가 행세를 하는 사이비들이 곳곳에 넘쳐나고 있다.**

중국 육조시대六朝時代 말기 북제北齊의 안지추顔之推가 자손을 위해 저술한『안씨가훈顔氏家訓』「면학편勉學篇」에 다음과 같은 대목이 있다.

"남을 가르치겠다고 하는 사람들이 다른 학자들이 풀어놓은 것만을 지키고, 가르쳐준 말만을 되풀이하며 그것을 풀어먹고 있는데, 이런 사람들에게는 배울 만한 게 거의 없다. 대개 이러한 사람들은 누가 한마디를 물으면 순식간에 수백 마디로 어지럽게 대답한다. 그러나 말하고자 하는 내용의 요지가 무엇인지를 따져 물으면, 정작 그 말의 요점을 말하지 못하고 또다시 어지럽게 미사여구를 늘어놓는다.

중국 업하鄴下 지방 속담에 '박사 서생이 나귀를 사는데 계약서를 석 장이나 쓰면서도 정작 계약서에는 나귀驢라는 글자를 쓰지 못했다[鄴下諺云, 博士買驢, 書券三紙, 未有驢字]'라는 말이 있다. 혹시라도 이런 사람을 스승으로 모시게 된다면 어찌 기가 막히지 않겠는가."

여기에 나오는 고사는 유식함을 자랑하던 한 서생이 나귀를 매매하는 현장에서 계약서를 쓰면서 "종이를 석 장이나 낭비했지만, 계약서에 써넣어야 할 나귀 '려驢'라는 글자를 쓰지 못했다"라는 것으로, 재주도 없으면서 있는 척 허세를 부리는 것을 비유하는 말이다. 오늘날 '삼지무려三紙無驢'라는 성어로 전해오고 있다.

그럴듯한 과장은 당장은 분별하기가 그리 쉽지 않다. 정치인들이 내거는 공약公約이 대표적인 사례이다. 처음부터 사람들의 이목을 끄는 자극적인 내용에 집중하기 때문이다. 교묘한 방법과 미사여구로 사람들의 욕구를 건드리므로, 실행 가능성이 드러날 때까지 그 효과는 상당한 시간 동안 지속된다. 그들의 임기가 끝나갈 즈음에야 비로소 속았음을 알고 한탄하며 혀를 찬다.

전통적으로 우리 사회의 예절 규범에서 빼놓을 수 없는 것이 바로 겸손함이다. 그래서 예로부터 어른들은 후학들에게 매사에 모름지기 자신을 낮추면서 굳이 자신의 업적이나 행적을 자랑하지 않는 것을 미덕으로 삼으라고 가르쳤다.

하지만 요즘은 이러한 겸손함을 미덕으로 여기지 않는다. 남이 알아주기를 기다리기보다 적극적인 자기 PR이 필요하기 때문이다. 세상에 알리지 않으면 사람들이 알아주려 하지 않고, 알아주지 않으면 자기 뜻을 세울 수가 없다는 취지에서다.

가끔 일방적으로 자신의 장점이나 긍정적 활동을 알리는 것이 PR이라고 오해하는 사람이 있다. 진정한 PR은 진정성과 진실에 바탕을 두어야 한다. 그리고 소통을 통하여 상호 신뢰와 이해를 높이고 서로의 이익과 발전을 도모해야 한다. 따라서 PR의 핵심은 소통이다. 그러므로 사람들로부터 인정받고 공유할 수 있는 내용을 담아야 한다. 자기 자랑과 자기 PR은 엄연히 구분된다.

그런데 자기를 알리는 잘못된 방법 가운데 가장 눈살을 찌푸리게 만드는 것은 사사건건 상대의 허점을 파고들어 비난하는 데에 열을 올리는 것이다. 상대의 허물이 조금이라도 보이면 우선은 그걸 콕 집어 비난한다. 그리고 여론의 추이를 봐가며 대중이 조금이라도 관심을 보이는 모습을 보이면 이때다 싶어 계속 확대한다. 그런 과정을 통해 반사이익을 챙기려는 가장 비열하고 얄팍한 수단이다. 자기가 특별히 뭘 하겠다고 하지 않아도 당장은 얻는 것이 두둑하다고 보는 것이다.

자신이 이룩한 업적을 주위에 알리는 일은 필요하다. 특히 그 업적이 공익적인 성격이 강하여 사회적으로 공유할 가치가 있을 때는 그 정확한 실상을 알리는 일은 더더욱 그러하다. 그러나 문제는 그렇게 홍보하는 과정에서 나타나는 불필요한 것들이다. 공명심 때문에 그 내용이 지나치게 과장되는 일이 다반사이기 때문이다.

세상에 자랑할 만한 일은 스스로 드러내지 않아도 주머니 속의 사향처럼 시간이 지나면 저절로 알려지기 마련이다. 자랑할 만한 것을 갖추고 있으면서도 겸손하게 자신을 낮추고 일부러 드러내지 않으려는 사람에 대해서는 그의 인격과 인간성을 높이 평가하며 매우 호의적인 감정을 드러낸다. 그래서 세상인심은 항상 분명하다.

오늘날 우리 주위에도 전문가 행세를 하는 이런 사이비似而非들이 곳곳에 넘쳐나고 있다. 우리 일상을 돌아보면, 굳이 스스로 나서서 자랑할 것도 아니요, 뽐낼 일도 아니다. 실력이 있으면 시간이 흐르면서 자연스럽게 세상에 드러나는 것이 이치이기 때문이다. 그래서 공자도 "남이 자기를 알아주지 않음을 걱정하지 말고, 자기가 남을 알아주지 못함을 걱정하라[不患人之不己知, 患不知人也]"라고 했다. 『논어論語』「학이學而」 편에 실린 가르침이다.

남들이 자신의 능력을 알아주기를 바라는 마음이 간절하다면, 내 주변의 다른 사람의 능력도 살펴 존중해줄 줄 아는 사람이 되어야 한다. 우리 전통문화 속에 면면히 흐르는 '겸손함의 미덕'이야말로, 자기 PR에 열을 올리는 이들에게 더더욱 필요한 덕목이 아닐까. 특히 여론을 주도해 나가는 사회 지도층 인사라면 말이다.

# 백성에게 지은 죄罪

## 제왕이라도 천하를 제멋대로 할 수는 없다.

제齊나라 환공桓公이 어느 날 '맥구麥丘'라고 하는 작은 마을로 사냥을 나갔다가 한 노인을 만났다. 환공은 노인의 풍모가 참으로 그럴듯하고 지혜로워 보여 수레를 멈추게 했다. 환공이 노인에게 나이를 물으니 여든세 살이라고 했다. 감탄한 환공은 그에게 부탁했다.

"수복壽福을 타고난 노인이구려. 그대의 장수長壽한 복으로 과인을 축원해 주면 고맙겠소."

그러자 노인은 기도를 시작했다.

"왕을 축원합니다. 오래오래 장수하소서. 돈과 옥을 천한 것으로 보시고, 부디 사람을 귀하게 여기소서."

"참 좋은 말씀이시오. 한 말씀 더 해주시지요."

노인은 다시 기도를 시작했다.

"왕을 축원합니다. 왕께서 배움을 부끄러워하지 않으시고, 아랫사람에게 묻는 것을 싫어하지 않게 하소서. 간언하는 자를 항상 곁에 있게 하는 현명한 분이 되게 하소서."

왕은 고개를 끄떡이며 다시 노인에게 부탁했다.

"옳은 말씀이오. 덕이 있는 자는 외롭지 않은 법이지요. 한 말씀만 더 해주시구려."

노인은 다시 기도를 시작했다.

"왕을 축원합니다. 왕께서는 신하들과 백성들에게 죄를 짓지 않는 분이 되게 하소서."

그러자 흐뭇해하던 환공이 이 말에 기분이 상해 안색을 바꾸었다.

"과인은 자식이 아비한테 죄짓고 신하가 군주에게 죄짓는다는 말은 들었어도, 군주가 아랫사람한테 죄짓는다는 얘기는 금시초문이오."

그러자, 노인도 정색하고 말했다.

"행실이 바른 자식이 아비한테 죄를 짓는다면, 그것은 대개 친척 때문이니 오해가 풀리면 아비가 자식을 용서해 줄 수 있습니다. 바른 신하가 군주에게 죄를 짓는다면, 그것은 주위의 그릇된 신하들 때문이므로 오해가 풀리면 군주는 역시 용서해 줄 수 있습니다. 그런데, 옛날 걸왕桀王이 탕왕湯王에게 망하고 주왕紂王이 무왕武王에게 죽임을 당한 것은 왕이 신하와 백성에게 죄를 지었기 때문입니다. 그 죄는 용서를 받지 못했을 뿐만 아니라 오늘날까지도 사면되지 않았습니다."

노인의 말을 듣고서야 환공은 깊이 깨닫는 바가 있었다. 환공은 최대한 공경한 자세로 노인에게 예를 표한 다음, 그를 맥구의 장長에 임명하여 다스리도록 하고 귀로에 올랐다.

여기에서 유래한 '맥구읍인麥丘邑人'이란 말은 '곧은 성품과 슬기로운 지혜로서 다른 사람의 삶을 바른길로 인도할 수 있는 어른'을 가리키는 뜻으로 회자되고 있다. 전한前漢 말 유향劉向이 지은 『신서新序』「잡사雜事」 편에 보인다.

새 정부 인수위가 구성되면서 세상이 달라지고 있다. 국민은 새 정부가 과거 승리한 자들처럼 전리품을 나눠 먹기 바빴던 낡은 틀을 깨뜨리고, 자신들이 약속했던 새로운 모습을 보여줄 것인가에 촉각을 곤두세우고 있다.

새 정권은 그들처럼 해서는 안 되지만, 그렇다고 해서 '새 술은 새 부대에 담아야 한다'라는 국민의 뜻을 멋대로 해석해서도 안 된다. 그리고 반드시 기억해야 한다. 곧 물러갈 정부가 "기회는 균등하고 과정은 공정하며 결과는 정의로울 것"이라는 구호를 호기롭게 외치며 국민의 환호를 받으며 출발했지만, 5년이 지난 지금 우리 사회는 온통 기울어지고 더 깊어진 골로 갈라졌음을 새겨야 한다. 이것이야말로 노인의 말씀대로 군주가 신하와 백성에게 죄를 지은 것이 아니고 무엇이랴?

장자莊子는 천하에 군림하는 제왕이라 하더라도 결코 자기 마음대로 천하를 다 차지하고 제멋대로 할 수는 없다고 하였다. 알고 보면 자기 한 몸을 겨우 지탱할 뿐이라는 것이다. 천하를 잘 다스리는 비결은 제왕의 힘과 위엄만으로 되는 것이 아니라, 어진 신하와 부지런하고 순박한 백성들이 잘 따라오도록 해야 한다고 보는 것이다.

뱁새가 큰 숲속에 산다고 해서 그 숲 전체를 마음대로 가지는 것이 아니다, 겨우 나뭇가지 하나에 둥지를 만들어 잠시 의지하고 사는 데 불과하다. 두더지가 강가에 살면서 물을 마신다고 해도 그 강물을 전부 먹을 수는 없다. 겨우 자기 한 몸의 갈증을 잠시 해소할 정도에 불과하다.

이와 마찬가지로 대통령이 자기 임기 중에 손에 쥔 권력으로 모든 일을 자기 마음대로 다하려고 들면 국민이 고달파진다. 물러날 때가 되면 치적이나 성과보다는 원성이 저잣거리에 떠돌 뿐이다. 그러므로 권력자들은 그 자리에 있을 때 더욱 자세를 낮추어 국민의 작은 소리라도 귀담아들어야 한다. 이것은 동서고금의 역사가 보여주는 교훈이다.

## 말의 품격

**말은 자신의 내면이 밖으로 드러나는 그림자다.**

“세 치 혓바닥이 몸을 베는 칼”이라는 말이 있다. 혀舌를 잘 놀려 말 한마디로 천 냥 빚을 갚는가 하면, 혀를 잘못 놀려 힘들게 쌓아 올린 공든 탑이 하루아침에 무너지기도 한다. 혀는 가장 짧으면서도 가장 위험한 무기다.

말을 잘못해서 어려운 일을 겪는 것을 ‘구설수口舌數’라고 한다. 글은 잘못 쓰면 고치면 되지만, 말은 뱉고 나면 다시 주워 담을 수가 없다. 말이 많다 보면 말실수를 하게 마련이다. 살다 보면 분별없이 뱉어낸 한마디 말로 인해 여러 사람의 입방아에 오르내리는 일이 비일비재하다. 그러므로 말을 아껴야 한다.

상용商容은 노자老子의 스승으로 알려진 인물이다. 임종을 앞둔 그를 찾아온 노자가 마지막으로 가르침을 청했다. 상용이 입을 벌리며 말했다.

"내 혀가 있느냐?"

"네 있습니다."

"이[齒]는?"

"하나도 없습니다."

"그 뜻을 알겠느냐?"

노자가 대답했다.

"강한 것은 없어지고 부드러운 것은 남는다는 말씀이시군요."

상용이 미소를 지으며 돌아누워 임종에 들었다.

동서고금을 막론하고 사람들은 말이 많은 것을 늘 경계해왔다. 말을 잘못해 화禍를 자초한 경우가 많았기 때문이다.

불교에서는 여러 죄업이 많지만 입을 함부로 놀려 남의 가슴에 못 박은 자의 형벌이 가장 가혹하다고 여긴다. 바로 다섯 번째 지옥 염라대왕閻羅大王이 지키는 '발설지옥拔舌地獄'의 형벌이 그것이다. 말 그대로 집게로 혀를 뽑아내는 지옥인데 생전에 남을 비방하거나 중상, 모략, 남의 흉을 본 자, 욕을 많이 한 자, 거짓말을 많이 한 자 등이 가는 곳이라고 한다.

사람이 살면서 말을 하지 않고서야 살 수 없겠지만, 오대십국五代十國의 난세에 처세의 달인으로 살았던 재상 풍도馮道가 남긴 "입은 재앙이 들어오는 문이고 혀는 제 몸을 베는 칼이다. 입을 닫고 혀를 깊이 감추어 두면 가는 곳마다 몸이 편안하리라[口是禍之門 舌是斬身刀 閉口深藏舌 安身處處字]"라는 「설시舌詩」의 구절을 마음에 깊이 새겨 두어야 하겠다.

명나라 때 육소형陸紹珩이 오랜 세월에 걸쳐 내려오는 좋은 글들을 모아 수록한 『취고당검소醉古堂劍掃』에도 이와 비슷한 이야기가 실려 있다. "혀는 남지만, 이[齒]는 없어진다. 강한 것은 끝내 부드러움을 이기지 못한다. 문짝은 썩어도 지도리는 좀먹는 법이 없다. 한쪽으로 치우친 고집이 어찌 원만하고 융통성 있음을 당하겠는가[舌存常見齒亡 剛强終不勝柔弱 戶朽未聞樞蠹 偏執豈及乎圓融]?"

강한 것은 남을 부술 수 있지만 결국은 제가 먼저 깨지고 만다. 부드러워야 오래간다. 강한 것을 더 강한 것으로 막으려 들면 더 강한 반동이 돌아온다. 드나드는 것을 막아서는 문짝은 비바람에도 쉬 부서지고 썩는다. 그러나 문짝을 여닫는 축 역할을 하는 지도리는 오래될수록 반들반들 빛난다. 썩지도 않는다. 끊임없이 움직이기 때문이다. 그러므로 하나만 붙들고 고집을 부리기보다 이것저것 다 받아들이는 유연성이 필요하다.

말은 자신의 내면이 밖으로 드러나는 그림자다. 그동안 갖은 막말로 구설에 올랐던 몇몇 정치인들은 그들이 내뱉은 말들이 결국 자신을 옭아매는 '덫'이 될 수 있음을 알아야 한다. 당사자들은 혀[舌]가 바로 발설지옥으로 가는 안내자였음을 뼈저리게 느끼게 될 것이다. 그렇다고 말문을 닫고 살아갈 수는 없다. 진실하고 확실한 근거가 있으면 그 말은 침묵보다 나은 '금'이 된다.

공자는 『좌전左傳』에서 "군자의 말은 진실하고 확실한 근거가 있어야 한다"라고 했다. 순자荀子도 "공손하면서도 엄숙한 태도로 성의 있게 말을 하고, 말을 보물처럼 진귀하게, 또 귀중하고 신묘하게 여기도록 하면 말을 듣는 게 기쁘지 않더라도 모두 귀중하게 여길 것"이라는 말을 남겼다. 결국 말이 가지는 품격의 중요성을 유념하라는 가르침이다.

바야흐로 농익은 봄의 계절 5월이다. 싱그러운 봄날 아침에 창문을 열고 훈풍에 심호흡하며 콧속을 후비며 입안으로 가득 들어오는 봄의 향기를 음미한다.

이리저리 혀[舌]를 굴리며 곰곰이 생각에 잠긴다.

# 없어지지 않는 세 가지[三不朽]

## 아는 자는 말을 아끼고, 말하는 자는 알지 못한다.

『춘추좌씨전春秋左氏傳』 양공襄公 24년 조에 보면 다음과 같은 대목이 있다.

"세월이 흘러도 영원히 없어지지 않는 세 가지가 있으니, 첫째는 덕을 쌓는 일[立德]이요, 그 다음은 공을 세우는 일[立功]이며, 마지막은 말을 남기는 일[立言]이다. 비록 오래되어도 없어지지 않으니 이를 일러 '불후不朽'라 한다[太上有立德 其次有立功 其次有立言 雖久不廢 此之謂不朽]."

인간이 살아가면서 남기는 행적 가운데 '영원히 없어지지 않는 세 가지'를 지칭하는 말로, 사람이 남긴 덕德과 공功, 말[言]은 죽은 후에도 영원히 없어지지 않는다는 뜻이다. 바로 오늘날 사람들 사이에서 회자되는 '삼불후三不朽'가 바로 그것이다.

둥핑董平 중국 저장대浙江大 철학과 교수는 자신의 저서 『칼과 책』에서 삼불후를 "덕을 세우는 것[立德]은 숭고한 도덕적 품행으로 후세의 본보기가 되고, 공을 세우는 것[立功]은 위대한 공적을 세워 길이길이 칭송받으며, 말을 남기는 것[立言]은 독창적 사상을 수립해 후세 사람들을 두고두고 배우게 하는 것이다"라고 풀이했다. 예로부터 그 사람이 하는 말에는 그 사람의 전부가 들어있다고 했다. 그만큼 내뱉는 말의 중요성을 일깨워주는 가르침이다.

노자老子는 "말은 많이 할수록 자주 궁해진다[多言數窮]"라고 하면서, "아는 자는 말을 아끼고, 말하는 자는 알지 못한다[知者不言 言者不知]"라고 극단적으로 이야기했다.

공자도 "얼굴빛을 좋게 하고 말을 그럴듯하게 둘러대는 사람치고 진실된 사람이 없다[巧言令色鮮矣仁]"라고 했다. 그래서 『명심보감』에서도 "입과 혀는 재앙과 근심의 문門이고, 몸을 망치는 도끼[斧]이다"라고 경고한다.

국정을 운영하는 국회의원을 비롯한 정치인들은 여전히 경박하고 무지하며 무책임한 면면을 적나라하게 보여주고 있다. 지난 십수 년 동안 이들이 남긴 모든 행동과 말은 소셜미디어에 고스란히 남아 있다.

이는 잘 포장되어 저들의 무기가 되기도 하지만, 대부분 자신을 옭아매는 치명적인 덫이 되기 일쑤다. 그때마다 아차 싶어 "실수였다"느니 "본의가 아니었다", "앞뒤 맥락이 생략됐다"라고 변명해도 이미 없어지지 않는 '불후'가 되어있으니 어찌해 볼 도리가 없다. 그러므로 평소 말과 행동을 조심하고 국민을 위한 진정성을 유지하는 게 무엇보다 중요한 시대가 됐다.

오늘날 우리 한반도를 둘러싸고 동북아 정세가 긴박하게 돌아가고 있다는 것은 국민이 모두 다 아는 사실이다. 그동안 한반도 평화 운운하며 온갖 쇼를 벌이는 동안에도 북한은 탄도미사일을 발사하고 핵실험을 강행하며 안보를 위협해 왔다.

나라 안팎을 이렇게 어려운 상황에 이르게 해놓고도 '한반도에 진정한 평화를 이루었다'라는 궤변을 늘어놓고 있으니 얼굴이 두꺼워도 보통 두꺼운 게 아니다. 어쩌다가 나라가 이 지경에 이르렀나?

"겸손은 사람을 머물게 하고, 칭찬은 사람을 가깝게 하며, 넓음은 사람을 따르게 하고, 깊음은 사람을 감동케 하니, 마음이 아름다운 자여. 그대의 그 향기 있음에 세상이 아름다워라."

다산 정약용이 백성을 다스리고 기르는 목민관이 마땅히 해야 할 책무를 쓴 『목민심서牧民心書』에 들어있는 말이다. 겸손한 삶이 우리의 일상에서 얼마나 중요하고, 특히 백성들을 위해 일하는 사람들에게 얼마나 필요한 덕목인지를 잘 말해주고 있다.

인간은 언젠가 죽음에 이르지만, 사는 동안 이루어 놓은 흔적은 썩지 않고 영원히 남아 좋든 나쁘든 그 이름을 남기게 된다. 국정을 책임지는 위치에 있는 자라면 더더욱 나라를 위해 덕德을 닦고 공功을 세우며 훌륭한 말과 글[言]을 남겨야 한다. 국민을 기만하고 알맹이 없는 헛소리는 삼가야 한다. 자신이 남기는 행적은 영원히 남아 후세에 교훈을 주기 때문이다.

정권이 바뀌면서 나라를 바로 세우려는 노력이 전방위로 일어나고 있다. 이번에는 제발 '팬덤 정치'에 빠져 서로 저들 탓이라고 우기고 싸우며 편 가르기에만 열중하는 넋 빠진 정치인들을 걸러냈으면 좋겠다.

문밖을 나서기 전에 거울을 보며 옷깃을 다시 여민다.

세월이 흘러도 영원히 없어지지 않는 '삼불후三不朽'의 가르침이 두려운 계절이다.

## 정육점의 개고기

### 모든 일은 반드시 훗날 그 흑막이 드러난다.

새 정부 출범 100일을 맞아 대통령의 기자회견을 두고 여러 말들이 오르내리고 있다.

내용은 여전히 우리 사회의 아킬레스건이라고 할 수 있는 논문 표절과 허위 경력, 겉과 속이 다른 행동, 그리고 지난 시간을 통해 드러나는 특정 사안에 대한 말 바꾸기 등, 비겁하고 치졸한 '포장包裝의 기술'에 대한 비판이다. 얼핏 들으면 현 정부에 대한 비난과 비판인 것 같지만, 지난 정권에서도 이와 다를 바가 없었다는 점을 생각해 보면, 이런 논쟁은 우리 사회에 널리 퍼져 있는 비뚤어진 자화상임은 분명해 보인다.

새 정부의 초반 국정운영에 대한 평가가 나오면서, 이번 정부도 역시 늘 회자하는 각종 의혹을 피해 가지 못하고 있다. 이런 상황은 젊은 여당 대표 정치인의 입을 통해 집권 여당의 이면에 가려진 실상을 스스로 폭로하는 형식으로 '양두구육'이라는 고사성어를 인용하면서 수면 위로 떠 올랐다. 양두구육이란 "양羊의 머리를 걸어 놓고 개고기를 판다[懸羊頭賣狗肉]"는 말이다. 즉, 사람들을 속여서 이득을 본다는 뜻이다.

옛사람들은 양고기는 비싸고 좋은 고기, 개고기는 싸고 질이 떨어지는 고기라고 여겼다. 실제로는 나쁜 물건을 팔면서도 좋은 물건을 간판으로 내세우거나, 속으로는 좋지 않은 본심을 가지고 있으면서도 겉으로는 그럴듯하지만 속은 변변치 않을 때 이를 풍자하는 말이다.

윤석열 정부가 가장 먼저 바로잡았어야 했던 것은 왜곡된 국정 로드맵으로 야기되어 갈라진 민심을 추스르는 일이었다. 정권은 바뀌었지만 이미 정립된 여소야대 상황에다 근소한 표 차이로 승부가 갈렸기 때문에 극심한 국론 분열은 충분히 예견된 일이었다. 그렇다면, 새 정부의 최우선 과제는 당연히 '국민통합'이어야 했다.

그러나 국정 초반 이슈를 삼킨 것은 엉뚱하게도 대통령 집무실 이전이었다. 물론 역사적 평가가 있었지만, 그 자체로 이미 "그게 과연 최우선 과제인가?"라면서 논란의 중심이 되었다. 게다가 문재인 대통령마저 청와대에서 마지못해 쫓겨나는 듯한 모양새처럼 연출되면서 갈등을 극대화했다.

어찌 되었건 새 정부의 이런 매끄럽지 못한 처사는 많은 국민에게 동의를 얻는 데 실패했다. 결국 역효과만 남았고 새 정부의 옹졸함만 보여준 셈이 되었다. 거기에다 또다시 모르쇠 식 인사를 포함해 소통 부재의 모습에다 내부 권력다툼으로 비치는 내홍이 진행되면서 총체적 부실이라는 비판에 직면하여 사면초가의 형국에 몰려 있다.

그 바람에 초반 평가는 참혹하다. 출범한 지 채 1년도 지나지 않았는데, 국정 지지율이 30%대로 추락했다. 이는 우리 헌정사상 처음 나타난 현상이다. 벌써 이런 잡음이 일어나는 이유는 뭘까? 바로 첫 단추를 잘못 끼운 것이다.

나라를 이끌어가는 지도자의 반열에 오르기 위해서는 거쳐야 할 여러 관문이 있다. 그 관문의 마지막은 바로 국민 앞에 자신이 가진 모든 것을 진솔하게 꺼내놓고 당당하게 검증을 받는 것이다. 모든 일은 반드시 훗날 그 흑막이 드러나기 때문이다.

송나라 신종神宗 때 왕안석의 신법新法에 반대하다가 호북성 황주黃州로 좌천된 소동파蘇東坡가 지은 명문장 후적벽부後赤壁賦에 '수락석출水落石出'이라는 말이 나온다. 여름철 물이 가득한 호수에 우거진 숲이 어우러져 아름답던 경치도, 가뭄에 물이 빠지면 호수 바닥에 있던 돌이 드러난 황량한 모습으로 바뀐다는 것이다. 오늘날 사람들은 이 말을 "세상의 어떤 일이라도 반드시 훗날 흑막이 걷히고 진상이 드러남"을 비유하는 고사성어로 인용한다.

우리가 선거를 통해 정권을 바꾼 이유는 간단하다. 지난 정부가 간판으로 내걸었던 '공정과 상식이 통하는 사회'라는 구호가 실상은 모두 겉과 속이 다른 거짓이었기 때문이었다. 많은 국민이 상처받은 그 틈을 비집고 들어와 출범한 것이 지금의 정권이다. 그러므로 지난 정부가 했던 것처럼 또다시 양고기를 걸어놓고 개고기를 판다면 이번에는 국민이 용서하지 않을 것이다.

이대로는 안 된다. 국민도, 나라도, 대통령도 불행한 결과만 초래할 것이다. 윤석열 정부가 실패한 권력으로 남지 않으려면, 지금의 총체적 난국을 돌파할 반성과 성찰을 통해 새로운 변화의 계기를 만들어 국민이 정권 교체를 해준 그 의미를 다시 새겨야 한다. 지난 정부의 오만함과 내로남불 식 소통 부재에 분노하던 국민의 소리를 반추해봐야 하는 이유다.

요즈음 저잣거리는 온통 '양두구육'이라는 성어로 시끄럽다. 혹시라도 살아오면서 자의든 실수였든 한 때 양고기를 걸어놓고 개고기를 내다 판 이력이 있는 사람이라면, 이번 기회에 자신의 과거를 반추하면서 사람답게 사는 새로운 삶을 구상해 보는 것도 늦지는 않을 것이다.

# 늙은 소의 새끼 사랑[老牛舐犢]

## 사람에게 최고의 스승은 부모

자식에 대한 내리사랑은 부모로서의 본능이다. 누가 가르치지 않고 시키지 않아도 세상의 모든 부모는 자식에게 다 잘한다. 오히려 자식 사랑이 지나쳐서 문제가 될 정도다. 반대로 부모에 대한 효도는 자식으로서 마땅한 도리이지만 어릴 때부터 가르치지 않으면 소홀히 하기가 쉽다.

자식은 부모가 돌아가시기 전에는 절대로 부모의 내리사랑을 깨우치지 못한다는 말이 있다. 오죽하면 "내리사랑은 있어도 치사랑은 없다"라거나, "열 자식이라도 한 부모 모시기 어렵다"라는 속담이 생겨났겠는가.

어느 날 조조가 태위太尉 벼슬에 있는 양표楊彪에게 물었다.

"요즘 왜 그리 모습이 파리하고 야위었는가?"

양표가 대답했다.

"제가 선견지명이 부족하여 자식을 잘 가르치지 못해 죄를 짓게 했습니다. 아들이 죽고 나니 늙은 어미 소가 어린 송아지를 핥아 주는 마음[老牛舐犢]처럼, 아비로서 자식에 대한 사랑과 그리워하는 마음에 이렇게 되었습니다."

이 말을 들은 조조는 성급하게 양수楊修를 죽인 것을 후회했다고 한다. 양수는 양표의 아들로서 바로 '계륵鷄肋'이라는 고사의 주인공이기도 하다. 조조 휘하에서 주부主簿를 지낸 양수는 재능이 뛰어났으나, 평소 그의 총명함을 질투한 조조가 군사들의 마음을 어지럽혔다는 죄목을 씌워 목을 베었다. 양수의 나이 불과 44살 때였다.

이 고사에서 전해지는 '노우지독老牛舐犢'이라는 성어는 어미 소가 송아지를 정성스레 핥아주는 것처럼, 자녀를 깊이 아끼고 사랑하는 부모의 마음을 비유하는 말이다.

오늘날 젊은이들은 대부분 자식 사랑은 지나칠 정도이지만, 부모에 대한 효도는 상대적으로 소홀하다. 어린 자식을 위해서는 아낌없이 돈을 쓰면서도 부모를 위해서는 적은 돈도 아까워한다. 집에서 기르는 반려동물은 안고 다니며 좋은 먹이를 사주고, 옷을 만들어 입히기도 하고, 병이 나면 동물병원에 데려가는 등 정성을 다한다. 늙은 부모가 아프다고 하면 나이가 들어서 그런 것이려니 한다. 그러면서도 사람들은 어린 자식들이 나중에 커서 효도하리라는 기대를 버리지 않는다.

예로부터 '사람에게 최고의 스승은 부모'라고 했다. 그만큼 가정에서의 가르침이 중요하다는 뜻이다. 동서고금을 막론하고, 자식을 누구보다 훌륭하게 가르치고 싶은 것이 바로 부모의 마음이다. 그러나 부모에게는 자식을 가르치기보다 더 어려운 일은 없다. 오죽하면 남의 자식은 가르쳐도 내 자식은 못 가르친다고 했겠는가.

오늘날 전하는 많은 고전 속에는, 부모가 자식들을 가르치는 데 귀중한 정보를 제공해주는 글들이 많다. 그 가운데서도 중국 한漢나라 때 유향劉向이 쓴 『열녀전列女傳』과 남북조시대의 문인 안지추顔之推가 남긴 『안씨가훈顔氏家訓』은 가장 주목을 받는 책이다.

이 두 책에서는 자식을 어떻게 가르쳐야 하고 형제끼리는 어떻게 지내야 하며, 자기 집안의 크고 작은 일들을 어떻게 다스려야 하는지, 더 나아가 무엇을 어떻게 배워야 하고, 또 관직에 나아가서는 어떠한 자세로 직무에 임해야 하며, 평소에는 어떠한 마음가짐으로 살아야 하는지에 이르기까지 실로 다양한 주제를 담았다.

특히, "자식이 어려서 태만한 것은 그 어미의 잘못이고, 성장해서 순종하지 않는 것은 그 아비의 잘못이다"라는 유향의 지적과, "부모가 자식을 사랑만 하고 가르치지 않으면 그것은 결국 자식을 망하게 만드는 일"이라는 안지추의 지적은 시대를 관통하는 통렬한 가르침이다.

우리 속담에 "콩 심은 데 콩 나고 팥 심은 데 팥 난다"라는 말이 있다. 모든 것이 평소 자신이 행한 대로 거둔다는 것을 이르는 말이다. 평소 부모를 정성을 다해 모시면, 그것을 보고 자란 자식들은 커서 당연히 효성을 다할 것이다. 그러나 자신이 평소 부모에게 효성을 다하지 않았다면, 자식들이 큰 후에 자신에게 효도할 것이라는 기대는 하지 않는 것이 좋다. 내가 하는 행실을 보고 자란 자식들이기 때문이다. 그러므로 평소 부모에게 효도하지 않는 것은 바로 자기 자녀에게 불효를 가르치는 것이다. 참으로 두렵고도 두려운 일이다.

추석 연휴도 이렇게 지나간다. 오랜만에 각지에 흩어져 있던 가족들이 오손도손 한자리에 모여 앉아 가족 사이의 사랑을 확인하는 자리였다. 동시에 부모에게 나는 어떤 자식이며, 내 자식에게 나는 어떤 부모인지 곰곰이 생각해보는 기회이기도 했다.

창밖으로 보이는 산천은 지난해와 다름없는데, 오랜만에 마주 앉은 가족들의 얼굴은 해마다 달라진다. 부모님의 빈자리는 무엇으로도 메울 수 없다. 그립고 죄송한 마음에 뜨거워지는 눈길은 자꾸 먼 산으로 가고 있다. 초가을 햇살이 따사롭다.

# 종남산終南山으로 가는 길

## 몸은 강호에 있으나 뜻은 조정에

아침에 모처럼 뒷산으로 올랐다. 여전히 산을 오르내리는 사람이 많아서 그런지 등산로 정비도 잘해놓았다. 정상에 오르니 시야에 들어오는 탁 트인 풍경이 시원스럽다. 바야흐로 하늘은 높아 푸르고 말은 살찌는 '천고마비天高馬肥'의 계절이다.

넓은 들에는 곳곳에 삐죽삐죽 솟아오르는 아파트 건설 현장 사이로 아직도 남아있는 가을의 잔해가 듬성듬성 보인다. 해가 갈수록 달라지는 풍경은 농촌의 모습을 점점 잃어가고 있으니 이런 모습을 보는 것도 끝물이 되지나 않을까 싶다.

중국 당唐나라 전성기에는 불교와 도교의 영향으로 산속으로 들어가 세상과 거리를 두고 숨어 사는 은자隱者들이 많았다. 전란이 없어지고 태평성세가 이어지면서 실제로 명성이 높은 학자들이 여럿 은거하며 후학을 양성하는 길을 택했기 때문이었다.

당시에는 산속에 들어가 은거하는 사람들을 명리에 초연하고 학문이 높은 고매한 선비로 여기는 풍조가 만연했다. 실제로 조정에서는 이들 가운데 명성 있는 은자들을 초빙하여 관리로 등용하기도 하였다.

이렇게 되자 많은 선비가 은거를 정치무대에 오를 수 있는 일종의 지름길로 생각하기 시작했다. 그래서 의도적으로 심산유곡을 택해 은거하여 도사道士로 행세하는 자들이 늘어났다. 당시 이들이 은거하는 곳으로 가장 인기가 있었던 곳은 수도, 장안長安 부근의 명산인 종남산終南山이었다.

진사進士 시험에 급제한 노장용盧藏用도 쉽게 임용되지 않아 초조한 날을 보내고 있었다. 어느 날 그의 머리에 기발한 생각이 떠올랐다. 그는 행장을 꾸려 종남산으로 들어가 은둔하며 기회를 엿보기 시작했다. 과연 그가 도사로 행세한 지 얼마 되지 않아 곧 명성을 얻게 되었다. 마침내 그는 뜻한 바대로 조정의 권유를 못 이기는 체하며 관직에 나아가 좌습유左拾遺라는 관직에 임명되었다.

당시 종남산에는 사람들 사이에 진정한 은자로 학문적 명성이 높았던 사마승정司馬承幀이라는 도사가 은거하고 있었다. 그 역시 여러 차례 조정의 부름을 받았으나 매번 그 제의를 사양하였다.

한번은 사마승정이 또 황제의 부름을 받아 잠시 하산하여 황궁으로 들어갔다. 그는 이번에도 여러 이유를 대고 관직을 사양하고는 황궁을 나와 장안에 며칠을 머물렀다. 많은 사람이 그를 만나기 위해 객잔으로 몰려들었다.

그가 종남산으로 돌아가던 날, 노장용이 찾아와 그를 배웅하여 성 밖까지 나왔다. 노장용이 멀리 보이는 종남산을 가리키며 말했다.

"종남산은 참으로 영험한 산입니다."

그러자 사마승정이 대답했다.

"내가 보기에는 벼슬길로 가는 첩경일 뿐이오[以僕視之仕宦之捷徑耳]."

노장용은 얼굴이 화끈거렸다.

'첩경捷徑'이란 지름길이라는 뜻으로, 어떤 목적이나 목표에 도달하기 위한 가장 빠른 수단을 가리킨다. 편법적인 수단을 동원하여 목적을 달성하는 것을 풍자하는 말로서 출세의 지름길을 비유하는 '종남첩경終南捷徑'이라는 말은 여기에서 유래했다. 즉, 몸은 강호에 있으나 뜻은 조정에 가 있는 사람들의 행태를 풍자하는 말이다.

오늘날 우리 사회도 다를 바가 없다. 실력이 없으면서도 기회를 노려 능력 있는 무리에 끼어들어 행세하는 사람들이 너무 많다. 사건이 하나씩 터질 때마다 우리는 투명하지 못한 시스템뿐만 아니라, 사회의 곳곳에 숨어 있는 수많은 노장용의 단면을 확인하곤 한다.

사람은 누구나 '출세出世'를 위해 노력하며 살아간다. 남의 윗자리에 올라 세상을 호령하고 싶어 하기 때문이다. 그러다 보니 부정한 방법으로 끼어드는 무리가 자꾸 늘어나고 있다. 우리 사회 구석구석에 숨어 열심히 살아가는 사람들에게 기생해 살아가는 수많은 노장용을 몰아낼 그 날은 오기나 할까?

그러고 보면, 오늘날 사람들에게 출세의 첩경인 종남산은 어디일까? 바로 유력한 대선후보 진영이다. 거기에서 얼굴을 알리고 후보자의 마음을 얻으면 곧바로 다음 순서는 보장되어 있으니 유력 대선 후보자 진영이야말로 현대판 종남산이 아니고 무엇이랴! 다만, 달라진 것이 있다면 이제는 '은거'할 것이 아니라, 없는 것도 있는 척하며 적극적으로 '자기 홍보'를 해야 한다는 것이다.

아침에 오른 이 산도 천보산天寶山이라 불리며 예로부터 수도권에서는 제법 알려진 명산의 하나라 했다. 산 아래로 이사 와서 은거한 지도 벌써 10여 년이 지났건만, 아직도 저잣거리에조차 이름을 얻지 못했으니 아무래도 내게는 종남산은 아닌가 보다.

누군가 정상에 올랐는지 '야호'하며 외치는 소리가 들린다. 산 중턱 너른 바위에 걸터앉아 잠시 가쁜 숨을 고르며, 열심히 산을 오르내리는 뭇사람들을 보면서 상념에 잠긴다.

# 귤[柑] 장수의 항변

**사람만 다르지, 그 악취는 해마다 반복된다.**

오랜만에 모인 가족이 음식을 먹으며 덕담을 나눈다. 서로 세상 돌아가는 이야기를 나누며 요즈음 사회적으로 쟁점이 되고 있는 일들이 화제로 올랐다.

식사를 마치자 후식으로 여러 가지 과일이 나왔다. 그 가운데 유난히 빛깔이 고와 먹음직스러워 보이는 귤이 보였다. 얼른 집어 들어 껍질을 까니 이게 뭔가. 겉만 번지르르했지, 그 속은 반쯤 상해 있었다. 문득 떠오르는 고사故事가 있었다.

주원장朱元璋을 도와 명明을 세우는 데 큰 공헌을 했던 인물 가운데 유기劉基, 1311~1375라는 사람이 있었다. 홍건적이 일어나 어지렵던 당시에 절강浙江의 산악지역에 은거하며 '4대 선생'의 한 사람으로 칭송을 받았던 인물인데, 훗날 주원장의 간곡한 청을 받아들여 세상으로 나왔고 그를 도와 명나라를 세우는 데 초석을 다진 인물이다.

어느 날 유기가 귤[柑]을 사려고 항주杭州의 저잣거리에 나왔다. 그 거리에는 소문난 한 과일 장수가 있었다. 그의 감귤 갈무리 솜씨는 남달라서 겨울을 보내고 여름을 나도 귤이 무르지 않은 채 감물이 선연하였다. 마치 바탕은 구슬이요 색깔은 황금 같아서 다른 가게에 비해 값이 열 배나 비싼데도 늘 많은 사람이 모여들어 금세 동이 나곤 했다.

유기는 이미 입소문을 익히 들은지라 곧바로 그의 가게를 찾았다. 그는 망설이다가 유난히 색깔이 곱고 먹음직스러워 보이는 귤들을 골라 바구니에 담았다. 그런데 값을 지불하고 귤을 까보니 영 딴판이었다. 과육의 수분이 빠져 솜덩이 같은 데다가 이상한 냄새까지 났다.

"당신 이거 사기 친 것 아니오?"

화가 난 유기가 따졌다.

"사람들은 당신이 파는 귤은 변두籩豆에 담아 제사도 받들고 손님에게 대접하는데, 이렇게 겉만 번지르르하게 해서 물건을 잘 볼 줄 모르는 사람들을 현혹하다니…."

그러자 과일 장수는 태연하다. 오히려 고개를 빳빳하게 들고 하는 그의 대답이 걸작이다.

"이것 보시오. 오늘날 호부虎符를 차고 장군 자리에 앉아 있는 자들이 나라의 간성干城인 것 같지만, 그들이 과연 병법이나 제대로 알고 있소? 큰 관冠을 쓰고 긴 띠를 두른 채 높은 자리에 앉은 자들이 조정의 인재처럼 보이지만, 그들이 과연 공적을 세우면서 그 자리에 앉아 있소? 사방에서 도적이 일어나도 막을 줄을 모르고, 백성이 곤경에 빠져도 구할 줄 모르는 사람들이 아니오?"

그의 말은 청산유수와 같이 이어진다.

"관리들이 교활해도 제재할 줄 모르고, 법령이 무너져도 고칠 줄 모르며, 앉은 채로 국고나 축내면서 부끄러운 줄도 모르고, 좋은 자리에 앉아 제 배 속만 채우는 자들이오. 지금 당신은 그런 것들은 모른 체하면서 왜 남의 귤만 헐뜯고 있는 거요?"

귤 장수의 항변을 들으면서 곰곰이 생각해 보니 그의 말이 사리에 맞지 않거나 틀린 것이 하나도 없었다. 유기는 대답을 못 하고 귤을 들고 멍하니 서 있다가 입맛을 다시며 발길을 돌렸다.

명明의 개국공신으로서 홍문관 학사로서 성의백에 봉해졌던 유기가 지은 『성의백문집誠意伯文集』에 수록된 「매감자언賣柑者言」 즉, '귤 장수의 말'에 실린 내용이다.

선거 때가 가까워지면 저잣거리는 새로운 소식으로 늘 시끄러워지곤 한다. 여야를 가릴 것 없이 출마한 후보자와 관련하여 그동안 우리가 모르고 있던 일들이 아무리 벗겨내도 끝이 없는 양파처럼 계속 보도되기 때문이다. 거기에다 부정과 비리에 연루되어 치열하게 진실 공방을 벌이던 정치인과 단체장들의 사건에 대한 판결도 이어진다. 미루고 미루던 사건들이 한꺼번에 제철을 만난 듯 다 튀어나온다.

어떤 결과가 나오더라도 늘 그랬듯이 당사자들은 떳떳하다고 강변한다. 이제는 정말 보는 것조차도 지겨울 정도로 판박이요 도돌이표다. 일일이 그 속을 갈라 진실을 들여다볼 수 있으면 좋으련만, 더럽고 지저분한 일이라는 게 모두 어두운 공간에서 일어나는 일이라서, 당사자들이 입을 닫으면 그 실상을 제대로 밝혀내기란 그리 쉬운 일이 아니다.

"사람만 다르지, 그 악취는 해마다 반복된다[年年歲歲臭相似 歲歲年年人不同]"라는 말이 또 가슴에 와 닿는다. 경제적인 어려움에 삶이 고단한 국민을 하루도 거르지 않고 화나게 만드는 이들의 재주는 가히 신의 경지에 이른 것 같다.

창밖을 보며 긴 한숨을 몰아쉰다. 먼 산에 걸린 뭉게구름 사이로 가을은 벌써 들판을 가로지르고 있다. 창가에 앉아 겉보기가 먹음직스러운 귤 하나를 들고, 깊은 생각에 잠긴다.

# 동창東窓이 밝았느냐

**묻힌 일도 시간이 지나면 반드시 진짜 모습이 드러나게 된다.**

호수의 경치는 바라보는 것만으로도 언제나 심리적인 안정감을 준다. 오랜만에 둘레길을 따라 돌아보니 어느새 주변 경관은 울긋불긋한 단풍으로 바뀌어 가고 있다. 올해는 태풍 소식도 많지 않아서 그런지 호수의 수위도 예전에 비하면 많이 내려갔다,

호숫가 둘레길을 걷다 보니 문득 '수락석출水落石出'이라는 성어가 생각났다. "물이 빠지고 나니 물속 돌이 드러난다"라는 뜻으로, 시간이 지나면 어떤 일의 흑막黑幕이 걷히고 진상이 드러나는 것을 비유하는 말이다. 중국 송나라 때 소동파蘇東坡가 지은 「후적벽부後赤壁賦」에서 유래되었다.

소동파蘇東坡는 천성이 자연을 즐겼던지라 관직에 있으면서도 틈나는 대로 주변의 명승지를 찾아 유람하기를 즐겼다. 당시 왕안석의 신법新法을 반대했다가 황주黃州로 유배된 죄인의 신분이었지만 아랑곳하지 않고 벗들과 자주 어울렸다.

늦가을 어느 날 적벽을 다시 찾은 소동파는 깜짝 놀랐다. 불과 석 달 전 여름에 와서 뱃놀이 즐기던 경치는 온데간데없고, 가뭄에 물이 빠진 적벽은 물결조차 일지 않고 그야말로 황량했기 때문이었다.

무성하던 단풍이 모두 지고 없는 기암절벽 사이로 소슬한 가을바람이 불어오자 적벽의 경관은 이전과는 느낌이 또 달랐다. 소동파는 붓을 들어 단숨에 시 2수를 써 내려갔다.

옛 어른들은 이 시구詩句 가운데 "산은 높고 달은 기우는데, 물 빠지니 돌이 드러나네[山高月小 水落石出]"라는 구절을 놓치지 않았다. 시간의 흐름과 함께 일의 진상이 드러나는 것을 바로 이 구절, 즉 '수락석출水落石出'에 비유했다.

구양수歐陽脩의 『취옹정기醉翁亭記』에도 랑야산琅琊山의 풍경을 묘사하는 글귀 가운데 "물이 빠지고 돌이 드러나네[水落而石出]"라는 표현이 나온다.

권세를 가진 사람들 가운데 가끔은 천하를 움켜쥐고 있는 듯한 뉘앙스를 풍기면서 행동하는 사람들이 있다. 행동하고 말하는 것을 보고 있으면 천년만년 그 자리에서 그 권세를 누리고 살 수 있는 것처럼 뭐든지 안하무인이요 일방통행이다.

노자老子의 『도덕경道德經』에 이르기를 "회오리바람은 아침 내내 불지는 않고, 소나기도 종일토록 내리지는 않는다[飄風不終朝 驟雨不終日]"라고 했다. 회오리바람은 아침 내내 지속되지 않는다. 소나기도 온종일 내리지는 않는다. 비정상적인 자연현상은 오래 지속되지 않는다는 뜻이다. 인간이 하는 일도 마찬가지이다. 순리에 맞지 않거나 비정상적인 일은 그 기세가 아무리 대단해도 결코 오래가지는 못한다.

부정과 부패로 고위층 인사가 구속되거나 검찰의 조사를 받고 있다는 보도는 이제 새삼스러운 뉴스가 아니다. 처음에는 "금시초문이다"라느니, "일면식도 없는 사이다"라고 발뺌하다가 자고 일어나면 "물의를 빚어 죄송하다"로 바뀐다. 게다가 매번 그 부정한 돈의 단위가 점점 커지니 사람들은 이제 어지간한 규모의 사건에는 별로 놀라지도 않는다.

사람이 바뀌고 정권이 교체될 때마다 드러나는 부정과 부패로 우리 사회는 아직도 구린내가 물씬 풍기는 '비리 공화국'에 머물러 있다. 선진국의 반열에 올랐지만, 정치적 선진先進은 아직도 멀어 보인다. 이런 대한민국의 자화상은 결국 집단적 도덕 불감증에서 깨어나지 못하고 있는 우리 사회의 자업자득이다.

시간은 흘러가지만, 결코 그냥 흐르지 않는다. 묻힌 것처럼 보였던 일들도 시간이 지나면 반드시 그 진짜 모습이 드러나게 된다. 늦가을 강물이 빠진 후 물속에 잠겨있던 돌이 모습을 드러낸 적벽을 바라보며 소동파가 읊었던 '수락석출水落石出'이라는 시구詩句를 굳이 거론하지 않더라도 말이다.

"동창東窓이 밝았느냐, 노고지리 우지진다"로 시작하는 남구만南九萬의 시조에서 전통적으로 우리 서민들에게 너무나 친숙한 '동창'은 이제 더는 낭만적인 용어가 아니다. 우리 사회에도 갈수록 '노고지리 우지짖는' 동창이 부담스러운 사람이 많아지고 있기 때문이다.

지금 우리가 감상하는 아름다운 저 호수의 바닥은 어떤 모습일까? 우리 같은 보통 사람들에게는 궁금한 일이 아니지만, 혹시라도 물이 빠질까 봐 노심초사하는 그 누군가의 눈길은 늘 거기에 멈춰있을 수밖에 없을 것이다.

지난날 저질렀던 온갖 거짓과 부정이 남에게 들킬까 번민하는 사람들에게는 동창부터 밝아 오는 아침이 어찌 두렵지 않겠는가.

# 세 번째 마당

# 채우면서
# 작음을
# 깨우치다
# (舍得)

비움
채우면서 지음을
깨우치다!
石湖

## 술 한 잔으로 천하를 안정시키다

### 모름지기 자신의 훗날을 경계하라.

술잔이 몇 순배를 돌면서 분위기가 한껏 무르익었다. 거나하게 취할 무렵, 황제가 입을 열었다.

"경들과 나는 전쟁터에서 형제처럼 지냈던 사이였소. 경들이 없었더라면 어찌 지금 짐이 이 자리에 있었겠소? 진심으로 고맙소. 하지만 한편으로는 매일매일 불안하기 짝이 없소."

송태조 조광윤趙匡胤이 자신을 황제로 추대한 5명의 공신을 불러 가진 술자리였다. 황제가 된 지 겨우 몇 달이 지난 때였다. 5명의 공신은 긴장하며 일제히 황제를 쳐다보았다.

"경들의 부하들이 어느 날 술 취한 주군에게 황제의 옷을 입힐지 알 수 없지 않소? 나처럼 말이오. 짐은 경들을 전적으로 믿지만…."

다섯 공신은 혼비백산하며 그 자리에 엎드렸다. 황제는 술잔을 돌리며 말을 이었다.

"인생이란 무엇이오? 절벽 틈을 달리는 말처럼 순식간에 지나가는 거라고 하지 않소? 모두 하나같이 부귀를 원하고 편안하게 살다가 후손에게 물려주려고 하지만, 그조차도 지키기 힘드니 말이오. 경들은 각자 병권과 지위를 내려놓고 고향으로 내려가면 어떻겠소? 그러면 여생은 아무 염려 없이 평안하게 살 수 있을 것이오."

공신들은 황제의 뜻에 따라 모든 직위에서 물러나 각자 고향으로 돌아갔다. 훗날 사람들은 이 일화를 두고 '배주석병권杯酒釋兵權'이라 하여 "술잔을 들면서 공신들의 병권을 없앴다"라고 하였다. 술 몇 잔으로 피 한 방울 흘리지 않고 나라의 근심을 해결한 것이다.

907년, 절도사 주전충朱全忠은 부패한 당 왕조를 무너뜨리고 후량後梁을 세웠다. 그러나 겨우 17년 만에 후당後唐으로, 후당은 14년 만에 후진後晋, 후진은 11년 만에 후한後漢, 후한은 불과 4년 만에 후주後周로 바뀌었다. 모두가 지방행정권과 군권을 가진 절도사가 제위를 찬탈하는 식이었다.

조광윤은 927년, 가난한 군인의 아들로 태어나 21세 때 집을 나와 천하를 떠돌아다녔다. 그러다가 절도사 곽위郭威의 부하가 되었는데, 그가 950년에 후한을 무너뜨리고 후주를 세워 태조가 되었다. 그리고 태자 시영柴榮의 눈에 들어 그의 친구이자 오른팔이 되었고 시영이 954년에 황제[세종]로 즉위하면서 출세의 기회를 잡았다. 조광윤은 전쟁터에서 죽을 위기에 처한 세종을 구하고 전투를 승리로 이끌어 명성을 날렸고, 그 뒤에도 다섯 번 전쟁에 나가 모두 승리를 거둠으로써 마침내 절도사에 임명되었다.

그런데 오대십국 혼란기 최고의 명군으로 존경받던 세종이 959년 거란 원정길에 갑자기 병사했다. 일곱 살에 불과한 어린 공제가 황제에 오르자 정국은 다시 불안해졌다.

960년, 거란군의 침공을 물리치기 위해 출정했던 조광윤은 개봉 북쪽의 진교역에 주둔했다. 어린 황제가 즉위하자, 나라의 장래를 걱정하던 부하 장수들이 술에 취해 잠든 그에게 황제의 옷을 입히고는 억지로 황제에 추대했다. 아침에 일어나 보니 졸지에 황제가 된 것이다.

조광윤은 부하들의 권유에 따라 군대를 몰고 돌아와 황궁을 점령했다. 그리고 공제로부터 양위를 받아 황제에 올라 국호를 송宋으로 바꾸었다. 스무 살 때만 해도 어떻게 하루를 살아갈지 막막했던 그가 3백 년 송 왕조의 태조가 된 것이다.

조광윤은 즉위 후 자신에게 제위를 넘겨준 어린 황제와 그의 친인척들을 정중하게 대했다. 그는 태묘 안에 '맹서비盟誓碑'를 세워 두 가지 유훈을 새겨 후손에게 남겼다. 하나는 "전 왕조의 시씨柴氏 자손들을 죽이지 말고 우대하라"였고, 다른 하나는 "사대부와 상소를 올린 자를 죽이지 마라. 아무리 불쾌한 말을 하더라도 죽여서는 안 된다"였다. 오늘날 전해지는 '석각유훈石刻遺訓'이 그것이다.

조광윤은 황제가 되기까지 전쟁터에서 말을 달린 군인이었다. 그러나 그는 말 위에서 천하를 얻을 수는 있어도, 다스릴 수는 없다고 생각했다. 그는 나라를 얻는 것은 무력으로 할 수 있지만, 다스리는 것은 사대부들에게 맡겨야 한다는 것을 알았다. 빼앗을 때는 싸움을 잘하는 자들이 선봉에 서야 하지만, 빼앗은 것을 지키는 것은 힘만으로는 안 된다는 것을 역사의 교훈에서 배운 것이다.

오늘날 우리 사회는 어떤가? 정권을 얻기까지 치열하게 싸운 투사들은 정권이 바뀌자마자 모조리 요직을 차지한다. 임기 마지막 날까지 논공행상에 열중하면서 권력의 맛에 취해 깨어날 줄 모른다. 전 정권의 요직에 있던 자들의 비리를 샅샅이 뒤져 모조리 도륙시키려고 집요하게 파고든다. 나라를 다스리는 정책들은 포장만 화려하고 요란할 뿐 속은 비었다. 저잣거리의 반응은 당연히 관심 밖이다.

그러나 주변을 돌아보라! 곳곳에서 호시탐탐 기회를 노리는 현대판 절도사들이 얼마나 많은 세상인가? 잊지 말라. 복수는 또 다른 보복을 가져올 뿐이다. 현명한 자라면 모름지기 자신의 훗날을 경계함이 마땅할 것인저.

해답은 역사 속에 있다.

# 프로크루스테스의 침대

## 정권을 뺏고 빼앗기는 논리로 보는 지도자는 잠재적 독재자

프로크루스테스Procrustes는 힘이 엄청나게 센 거인이었다. 아테네 교외의 강가에 여인숙을 운영하면서 지나가는 나그네를 상대로 강도질을 일삼았다. 그는 손님이 들어오면 먼저 침실에 미리 마련해 놓은 자신의 침대에 눕게 했다. 그의 침대에는 사람이 누우면 자동으로 그 길이를 조절하는 보이지 않는 장치가 있었다.

그는 나그네의 키가 침대보다 길면 긴만큼 잘라내고, 침대보다 짧으면 억지로 침대 길이에 맞추어 늘렸다. 그 어떤 나그네도 침대의 길이에 딱 들어맞는 이가 있을 수 없었다. 그러므로 그의 여인숙에 일단 들어가면 살아서 다시 나오는 사람은 없었다. 악행을 저지르던 그는 훗날 아테네의 영웅 테세우스에게 자신이 저지르던 악행과 똑같은 방식으로 죽임을 당했다.

요즘에도 사람들 사이에서 자주 회자되는 '프로크루스테스의 침대'라는 표현은 이 신화에서 유래하였다. 자기 기준이나 생각에 맞춰 남의 생각을 바꾸려 하거나, 폭력적인 행태를 보이면서까지 자기의 주장을 굽히지 않는 아집과 횡포를 부리는 극도로 융통성이 부족한 태도를 이르는 말이다.

힘 있는 사람일수록 주변의 고언을 경청하지 않는다. 남의 생각을 무조건 무시하고 자신의 주장을 내세우며 독단적인 논리를 펼치기 일쑤다. 자신의 주장의 옳고 그름은 전혀 중요하지 않다. 우리 사회의 '갑질문화' 역시 그 한 사례로 볼 수 있다.

사실 '프로크루스테스의 침대'라는 신화가 가지는 의미도 크다. 전형적인 독재정권의 기준으로 비유할 수 있기 때문이다. 길면 자르고, 짧으면 늘려서 본래의 모습을 가질 수 없도록 하는 괴력을 가진 존재, 이름하여 바로 '독재자'일 것이다.

이 비유를 오늘날 우리나라의 우리 사회에 적용하면 어떻게 될까? 우리 사회에서도 청산해야 할 많은 구체제의 습관과 제도, 가치관들이 있다. 우리에게 필요한 것은 이러한 사회적 모순을 합리적으로 해결하고, 우리 사회를 더 청정하게 만드는 역할을 해야 한다.

그렇다면, 오늘날 정치권 지도자들을 이 침대에 눕혀 놓으면 어떻게 될까? 길까 아니면 짧을까? 소위 그들이 추구한다는 '공정'이라는 잣대는 과연 우리 사회가 지향하는 방향성에 최적인가? 아니면, 이런저런 이유를 들어 상대에게만 적용하고 만족해하는 아집과 소통 부재의 횡포인가?

"민주주의는 어떻게 종말을 맞이하는가?" 이런 질문을 던졌을 때 우리의 머릿속에 떠오르는 건 쿠데타를 일으킨 군인들이 탱크를 몰고 거리를 진격하거나, 시민들의 추앙을 받는 지도자가 정적의 총칼에 맞아 목숨을 잃는 장면이다. 실제로 냉전 기간에 일어난 '민주주의의 죽음' 가운데 대부분은 쿠데타에 의한 것이었다.

그러나 오늘날 민주주의는 아이러니하게도 국민이 선출한 지도자의 손에서 죽음을 맞고 있다. 선출된 독재자는 국민의 지지라는 이름으로, 사법부를 효율적으로 개편한다는 명분으로, 부패 척결이라는 가치를 내세우며 민주주의를 파괴한다.

시민들은 투표를 통해 지도자를 뽑고, 지도자는 적법한 절차를 밟아 권력을 휘두르는데도 민주주의가 뒤흔들리는 사례가 지구촌 곳곳에서 목격되고 있다. 베네수엘라의 차베스 정권이 그랬고, 트럼프의 미국 역시 이런 논란에 휩싸였었다.

하버드대 정치학과 교수 스티븐 레비츠키와 대니얼 지블랫은 '어떻게 민주주의는 무너지는가' 라는 책에서 바로 이런 문제를 다루고 있다. 두 저자는 잠재적 독재자를 감별할 수 있는 네 가지 신호를 제시한다.

첫째, 말과 행동으로 헌법을 위반할 뜻을 드러내거나 선거 불복

등을 언급한 적 있는가. 둘째, 정치 경쟁자를 적으로 몰아세우면서 헌법 질서의 파괴자라고 비난한 적 있는가. 셋째, 폭력을 용인하거나 다른 나라의 정치 폭력을 칭찬 또는 비난하기를 거부한 적 있는가. 넷째, 상대 정당이나 시민단체·언론을 향해 법적 대응을 하겠다고 협박한 적 있는가.

이 가운데 하나라도 해당되는 항목이 있다면 그는 민주주의를 파괴하는 독재자에 해당한다고 정의했다.

두 사람은 민주주의를 지키는 것은 헌법이나 제도가 아니라, '상호 관용'과 '제도적 자제institutional forbearance'라는 규범이라고 역설한다. 상대를 인정하는 정치문화, 그리고 법적인 권리를 신중하게 행사하려는 태도가 민주주의를 수호한다는 것이다.

"혁명은 썩는다"라고 했다. 그들이 말하는 사회혁명 역시 필연적으로 썩게 될까. 가진 자의 오만함을 드러내기 전에 정말 야당에 대해 관용의 자세로 접근했는지, 결정적 순간에 제도적 자제력을 발휘했는지 한번 곰곰이 짚어볼 일이다.

우리는 20년 뒤 과연 어떤 대한민국을 만나게 될까? 정권을 뺏고 빼앗기는 논리로 보는 지도자, 경쟁자를 적敵으로 간주하는 리더는 잠재적 독재자라고 규정한 두 학자의 경고가 서늘하게 느껴지는 아침이다.

## 완장腕章

**진짜 높은 완장들은 눈에 보이지 않으면서도 무섭다.**

땅 투기에 성공해 벼락부자가 되어 기업가로 변신한 최 사장은 수리조합으로부터 저수지 사용권을 얻어냈다. 최 사장은 저수지에 양어장을 만들고 동네 건달인 임종술에게 그 관리를 맡기려고 한다.

비록 푼돈 5만 원에 불과한 적은 월급이지만 완장을 차게 해준다는 말에 귀가 번쩍 뜨인 종술은 저수지의 관리인으로 취직한다. 월급보다 팔에 채워주는 완장이 더 마음에 든 것이다. 저수지를 순찰하며 '공유수면관리법'을 들먹이며 낚시꾼들을 내쫓는 것이 그에게 맡겨진 임무이다.

노란 바탕에 파란 글씨가 새겨진 감시원 완장. 서울에서 생활하는 동안 숱한 '완장'들에게 쫓겨본 그로서는 완장이라는 것이 얼마나 높은 권력인지 잘 알고 있었다. 비닐 완장이 팔에 채워지자 종술은 잔뜩 어깨에 힘이 들어가 안하무인의 모습으로 저수지 주변을 누빈다.

그는 낚시하러 온 도시의 남녀들을 불러 얼차려를 주기도 하고, 고기를 잡던 초등학교 동창 부자를 폭행하기도 한다. 저수지에서 무소불위의 권력을 휘두르며 완장의 힘에 흠뻑 빠진 종술은 어느새 면 소재지가 있는 읍내에 나갈 때도 완장을 두르고 활보하기에 이르렀다.

그러던 어느 날, 완장의 힘을 과신한 종술은 급기야 자신을 고용한 최 사장 친구 일행의 낚시질까지 못 하게 행패를 부리다가 결국 관리인 자리에서 쫓겨난다. 하지만 해고에도 아랑곳하지 않고 종술은 여전히 저수지를 지키는 일에 몰두한다.

그는 이미 완장의 마력에 빠져 자신이 고용된 관리인이라는 사실을 부정하고 주인 노릇을 하려 들고 있었다. 그러다 마침내 가뭄 해소책으로 "물을 빼야 한다"라는 수리조합 직원과 다투다가 신고를 받고 출동한 경찰과도 충돌하게 된다. 그 과정에서 종술은 기관의 공권력 앞에 완전히 수세에 몰리고 만다.

기가 죽은 그에게 술집 작부 부월이 '완장의 허황함'을 일깨워주며 내뱉는 말이 압권이다.

"눈에 뵈는 완장은 기중 벨 볼일 없는 하빠리들이나 차는 게여.

진짜 완장은 눈에 뵈지도 않어!"

완장이 준 권력을 제멋대로 휘두르며 활개를 치다 비로소 자신의 왼팔에 번쩍이는 비닐 완장 권력이 얼마나 하찮은 것인지, 그리고 진짜 높은 완장들은 눈에 보이지 않으면서도 무섭다는 것을 느끼게 된 것이다. 종술이 애지중지하던 완장을 저수지에 버리고 부월이와 함께 몰래 마을을 떠난 다음 날 아침, 소용돌이치며 물이 빠지는 저수지 수면 위로 그가 던지고 간 비닐 완장이 둥둥 떠다닌다.

6·25전쟁 이후 정치 권력의 폭력성과 보통 사람들의 암울한 삶을 해학적 필치로 그려낸 윤흥길尹興吉의 대표작인 소설 『완장腕章』의 줄거리이다.

이 소설은 작건 크건 권력을 쥐게 되면 맡은 업무는 물론, 그 외적인 부분에 이르기까지 주어진 권력 이상을 휘두르고 싶어 하는 인간의 속물적 근성을 예리하게 풍자하고 있다.

우리는 살아가면서 어디를 간들, 어느 크고 작은 집단에 새로 들어간들 그 조직 나름의 질서를 마주하게 된다. 그 과정에서 '완장'을 두른 사람들을 만나게 되는데, 그들과의 관계를 설정하는 데 많은 어려움이 겪게 되는 것이 다반사이다. 조직에 어울리기 위해서는 어느 정도 마음고생을 할 수밖에 없다.

문제는 완장을 차고 있는 사람들의 태도이다. 관리자로부터 어떤 자리에 임명된 것은 그 자리에 맞는 역할을 하라는 것이지, 자리 자체를 즐기고 주어진 권력을 휘두르라는 것이 아니다. 마치 천년을 그 자리에 있을 것처럼 완장의 힘을 행사한다면 결국은 자신을 임명한 관리자에게 누를 끼치는 일이다. 그래서 사람들은 진심으로 상대를 배려하는 사람 냄새가 묻어나는 소탈한 '완장'의 모습을 보고 싶어 한다. 그러나 요즈음 저잣거리에서는 보이지 않는 완장의 무서움을 절감하고 있다. 우리가 아직도 오늘날 이 시대를 "완장의 시대"라고 말하기를 주저하지 않는 이유이다.

권력을 손에 쥔 자의 피폐한 모습을 해학과 풍자의 거울로 그려낸 윤흥길의 소설『완장腕章』. 요즈음 뉴스에 자주 오르내리는 정치인들은 물론, 정부 기관 인사들의 안하무인 행태를 보고 있으면, 비닐 완장을 차고 저수지를 순찰하며 어깨에 잔뜩 힘이 들어가 있는 임종술의 모습이 자꾸 겹쳐 떠오르는 건 무엇 때문일까?

소나기가 지나간 구름 사이로 햇볕이 따가운 늦여름 오후에 저수지에 낚시를 드리운 강태공들의 모습이 새삼스럽다. 고개를 들어 빠르게 골짜기를 빠져나가는 구름이 걸린 앞산을 바라본다.

## 뿌린 대로 거두리라

**운명은 자신의 행동과 처신에 따라 만들어지는 것이다.**

스승 상종常從이 병석에 눕자, 노자가 병문안을 위해 찾아뵙고 가르침을 청했다.

"선생님의 병이 깊으시니, 제자에게 가르침을 남겨주십시오."

상종은 미소를 지으면서 노자에게 말했다.

"고향을 지나갈 때는 수레에서 내려라. 알겠느냐?"

노자가 그 뜻을 알아듣고 대답했다.

"고향을 잊지 말라는 말씀이군요."

상종이 말했다.

"높은 나무 아래를 지나갈 때는 종종걸음을 하여라. 알겠느냐?"

"어른을 공경하라는 말씀이군요."

상종은 또 입을 크게 벌려 노자에게 보여주며 물었다.

"내 혀가 아직 있느냐?"

"그렇습니다."

"내 이[齒]는 어떠냐?"

"다 빠지고 없습니다."

상종은 또 물었다.

"왜 그런지 알겠느냐?"

"혀가 남아 있는 것은 그것이 부드럽기 때문입니다. 이가 다 빠지고 없는 것은 그것이 강하기 때문입니다[夫舌之存也, 豈非以其柔耶. 齒之亡也, 豈非以其剛耶]."

노자가 대답을 마치자, 상종은 입가에 미소를 보이며 말했다.

"세상의 모든 일이 이와 같으니라. 너에게 더해 줄 말이 없구나."

상종이 돌아누워 마침내 임종에 들었다.

여기서 유래한 '치망설존齒亡舌存'이라는 말은 강한 자는 망하기 쉬워도 유연한 자는 오래 살아남을 수 있음을 비유하는 일종의 처세 교훈으로 사용된다. 이 고사는 한漢나라 때 유향劉向이 지은 『설원說苑』의 「경신敬愼」 편에 실려 있다.

지난날 자신이 별 생각 없이 했던 행동이나 말 때문에 곤욕을 치르는 사람들이 많다. 검증과정에서 불거지는 여러 가지 놀라운 일들에 대해 사람들은 모두 다 하나같이 그럴만한 이유가 있었다고 변명한다. 그러나 자신이 과거에 남의 과거 일을 문제 삼으면서 집요하게 물고 늘어지던 것과 다를 바가 없음에도, 얼굴색 하나 변하지 않고 억지 변명을 늘어놓는 걸 보면 그 뻔뻔스러움이 참으로 놀라울 뿐이다.

세 치도 안 되는 혀[舌]로 서슬이 퍼렇도록 남의 약점을 집요하게 물고 늘어지며 겨누었던 화살과 창들이, 이제 고스란히 부메랑이 되어 자신에게 되돌아올 줄을 아마 꿈에도 몰랐을 것이다. 평소에는 잠잠하다가 때(?)가 되면 어김없이 이와 같은 일이 반복되는 걸 보면서 국민은 '대체 쓸 만한 인재가 어찌하여 이렇게도 없는 세상이 되었는가?'라며 늘 개탄하곤 한다.

비둘기[鳩] 한 마리가 둥지를 정리하며 짐을 싸는 올빼미[梟]를 만났다. 어디로 가려 하느냐고 묻는 비둘기에게 올빼미는 "동쪽으로 이사를 하려고 한다[我將東徙]"라고 대답했다. 왜 이사하려고 하느냐고 물었더니, 올빼미는 마을 사람들이 모두 자신의 울음소리를 싫어하기 때문이라고 대답했다.

그러자 비둘기가 말했다.

"당신이 울음소리를 고칠 수 있다면 이사를 해도 되겠지만, 고칠 수 없다면 굳이 이사할 필요가 없소. 당신이 동쪽으로 이사를 하더라도 그곳 사람들 역시 당신의 울음소리를 싫어할 테니 말이오."

자신의 허물을 고치려는 노력은 하지 않고 자신의 울음소리를 싫어하는 사람들만 탓하면서, 단지 사는 곳을 옮김으로써 문제를 해결하려는 태도를 풍자한 것이다. 이 우화 역시 『설원說苑』에 실려 있다.

『맹자孟子』「이루離婁」편에는 "남을 예우해도 상대로부터 예우를 받지 못하면 자신의 태도가 진실로 공경스러운지 자신을 돌아보고, 남을 사랑해도 친해지지 않으면 자신의 태도가 진실로 인자한가를 돌아볼 것이며, 남을 다스려도 잘 다스려지지 않으면 자신이 진실로 지혜로운가를 돌아보라[禮人不答反基敬 愛人不親反基仁 治人不治反基智]"라는 말이 있다. 이 말은 자기중심적인 시각이 아니라 항상 상대방의 처지에서 주위를 헤아려 보라는 뜻으로 삶의 지혜를 일깨워 주는 말이다.

자신의 운명은 태어날 때부터 하늘이 이미 정해준 것이 아니다. 평소 자신의 행동과 처신에 따라 만들어지는 것이다. 국민으로부터 신임을 받아 입신출세하든 아니든, 그 역시 지난날 자신의 행적에 대한 혹독한 검증 결과에 따라 이루어지는 것이다.

'사람은 가고 없어도 그가 남긴 행동과 말은 남는다'라는 노자의 가르침은 가히 두려울 뿐이다. 모두가 다 자기 스스로 남겼던 지난날의 행적으로 그 업보業報를 받는 것이거늘 누구를 탓하려 하는가?

그러므로 늘 잊지 말라. 뿌린 대로 거두리라.

# 웅덩이 속 거북이처럼

## 사노라면 언젠가는 좋은 날이 오겠지

어느 날 장자莊子가 초楚나라 땅 복수濮水라는 강가에서 낚시질하고 있었다. 초나라 위왕威王이 장자가 왔다는 소식을 듣고 대부大夫를 보내 그를 재상으로 삼으려 한다는 뜻을 전했다. 장자는 낚싯대를 드리운 채 뒤도 돌아보지 않은 채 웃으면서 대답했다.

"듣자 하니 초나라에는 죽은 지 3천 년이나 된 신령한 거북이[神龜]가 있다고 들었습니다. 왕께서 그것을 비단으로 싸서 상자에 넣고 사당에 잘 모셔두었다고 하던데 사실입니까?"

"예. 그렇습니다."

"그런데 그 거북이는 죽어서 뼈를 남겨 그렇게 귀하게 여겨지기를 바랐겠습니까? 아니면 진흙밭이라도 살아서 꼬리를 끌고 다니기를 바랐겠습니까[此龜者 寧其死爲留骨而貴乎 寧其生而曳尾於塗中乎]?"

"그야 물론 살아서 진흙탕 속이더라도 꼬리를 끌며 다니기를 바랐겠지요."

"그런 줄 아신다면 돌아가시오. 나도 장차 진흙탕 속에서 꼬리라도 끌고 다니려고 하오[吾將曳尾於塗中]."

권력을 마다하고 자연과 더불어 한평생을 보내겠다는 자연인의 태도를 가장 극명하게 보여주는 고사로서, 후세 사람들에게는 '예미도중曳尾塗中'이라는 고사성어로 회자 되고 있다. 『장자莊子』「추수秋水」 편에 실려 있다.

정권이 바뀔 때마다 도돌이표처럼 반복되는 몇 가지 현상들이 있다. 그 가운데 세상인심을 가장 잘 알게 해주는 것은 관료사회의 움직임이다.

새 정부마다 항상 실용주의를 내세우며 과거를 묻지 않고 능력 있는 사람을 쓰겠다면서, 인재 등용의 기준을 내세운다. 그러면 새 정부에서 살아남고자 하는 고위 관료들의 기회주의적 행태가 적나라하게 나타난다.

정권이 바뀌던 어느 해인가, 그동안 승승장구하던 한 고위 관료가 연말 송년회 자리에서 갑자기 일어나 지난 정부에서는 정말 힘들었다고 푸념하며, "사노라면 언젠가는 좋은 날이 오겠지"라는 노래를 불러 참석자들의 술이 확 깨게 만들었던 일은 하나의 예에 불과하다. 영혼을 팔아먹은 관료들의 얘기는 지금도 술자리에서 좋은 안줏거리로 오르내리고 있다.

현실적으로 이미 벼슬길에 올랐거나 장차 오르고자 하는 이들에게 장자莊子의 이러한 태도를 주문한다는 것은 아무래도 무리일 것이다. 오늘날의 관료들은 너무 정치적으로 노출되어 있고 정치판의 움직임에 민감해질 수밖에 없을 정도로 구조적으로 취약하다. 그러므로 아무리 요직에 있다고 하더라도 정권이 바뀌어 신변에 위협을 느끼면 그곳은 가시방석만도 못한 자리가 되기 일쑤다.

그래서 일부 고위 관료들은 백성의 공복으로서의 올바른 처신보다는, 소신을 버리고 보신에 더 치중하는 모습을 보인다. 의義로움을 좇는 것이 아니라, 권력의 힘에 기대어 현실적인 이利를 취하는 것이 더 낫다고 보는 것이다.

우리가 현실에서 마주하는 관료사회의 모습은 선거철이 되면 극명하게 나타난다. 권력을 좇다가 십중팔구 패가망신하는 것을 매번 보면서도, 그 진흙탕 속으로 너도나도 불나방처럼 모여든다. 며칠 사이에 도심과 한적한 시골길까지 뒤덮은 관료 출신 지방선거 후보자들의 홍보 현수막을 보면서 씁쓸한 마음이 가시지 않는 것은 무슨 까닭일까?

소동파蘇東坡는 "사람이 여위면 그래도 살찌울 수 있지만, 선비가 속된 것에 물들면 치유할 수 없다[人瘦尙可肥 士俗不可醫]"라고 했다. 세속은 사람을 마비시키고 중독되게 하는 마력이 있다. 외줄 타기에 비유되는 정치라는 무대는 더더욱 그러하다. 그래서 옛 선비들은 거처 주변에 대나무를 심어 그 마력에서 벗어나려고 노력하지 않았던가.

항상 정적들과 대결하면서 불안한 삶을 좇기보다는, 누추하고 불편하더라도 장자나 소동파의 생각처럼 자연에 묻혀 안빈낙도하면서 마음 편하게 사는 게 더 낫다. 비록 웅덩이 속 진흙 뻘이라도 꼬리를 끌고 유유자적 노니는 거북이의 한가로운 즐거움에 비할 수 있을까.

# 가소로운 재주 자랑

## 군자는 지혜로워도 선비와 지혜를 다투지 않는다.

춘추시대 노魯나라에 공수반公輸般이라는 사람이 있었다. 그는 타고난 손재주가 워낙 뛰어나 도끼 다루는 솜씨는 귀신같았고 대패질은 아지랑이 춤추는 듯했다. 어떤 나무토막이든 그의 손에 들어가기만 하면 진귀한 물건으로 변할 만큼 손재주가 뛰어났다.

그가 지은 건축물의 정교함은 물론 예술적 가치도 높게 인정받아 당대뿐만 아니라 오늘날에 이르기까지 장인匠人의 시조로 추앙받는 인물이다. 후세 사람들은 그를 노반魯般이라 불렀다. 그의 명성이 널리 알려지자 많은 사람이 그를 스승으로 삼고자 그의 집 앞으로 몰려들어 문전성시를 이루었다고 한다.

어느 날 노반이 사는 저잣거리 한복판에 한 젊은이가 나타났다.

그는 등에 행랑을 걸머지고 손에 든 도끼를 휘두르며 의기양양하게 소리쳤다.

"이 도끼를 우습게 보지 마시오. 보기에는 평범하지만 죽은 나무도 살아 있게 만드는 신기한 물건이요. 내 오늘 여러분의 눈을 번쩍 뜨게 해드리리다."

금세 사람들이 몰려들었다. 젊은이는 군중들을 이끌고 골목을 돌아 화려한 대문이 있는 큰 저택 앞에 섰다. 대문에는 용과 봉황을 새겨 넣었는데 어찌나 웅장하고 정교한지 마치 살아 꿈틀거리는 듯하였다. 모여든 사람들이 모두 감탄했다.

한 호사가가 젊은이에게 물었다.

"내가 이 대문을 보니 참으로 마음에 드오. 이대로 만들 수 있겠소?"

젊은이는 조금도 망설이지 않고 큰소리치며 대답했다.

"여러분은 아직 모르시는 것 같은데 내가 바로 그 유명한 노반의 수제자입니다. 이런 평범한 문쯤이야 식은 죽 먹기요."

그러자 사람들이 대문을 가리키며 말했다.

"여기가 바로 노반의 집이요. 이 대문은 그가 직접 만든 것인데 선생의 수제자라 자칭하면서 어찌 그것도 모르고 있소?"

사람들의 말이 끝나기도 전에 젊은이는 얼굴이 홍당무가 되어 바로 꽁무니를 빼며 달아났다.

이 고사를 두고 당唐나라 문인 유종원柳宗元은 「왕씨백중창화시서王氏伯仲唱和詩序」에서 "노반의 문 앞에서 도끼를 잡다니, 얼굴도 두껍도다"라고 비꼬았다. 이때부터 후세 사람들은 전문가 앞에서 얕은 재주를 부리는 사람을 두고 '반문농부班門弄斧'라는 성어로 비유했다.

나랏일을 책임지겠다고 나선 인물들의 자기 재주 자랑이 점입가경이다. 가는 곳마다 몰려드는 사람들을 향해 여럿 가운데 자신의 재주가 가장 뛰어나다고 자랑하느라 여념이 없다. 자신을 선택하기만 하면 한 방에 침체된 경제를 살릴 수 있고 부동산 문제를 해결할 수 있으며, 모든 잘못된 현안들을 고칠 수 있다고 큰소리를 친다. 사람들이 구름처럼 모여들고 있지만, 그의 말을 모두 믿고 있는지는 알 길이 없다.

명明나라 말기 시인 매지환梅之渙은 대시인 이백李白의 무덤을 지나다가 그의 묘비墓碑 위에다 제 딴에는 글재주깨나 갖추었다고 자부하는 자들이 함부로 시구를 새겨 넣은 것을 보았다. 그는 그냥 지나치려다 가소로운 생각이 들어 자신도 「제이백묘시題李白墓詩」라는 제목으로 시 한 수를 적어 넣었다.

"오가는 사람마다 시 한 수씩 남겼으니, 노반의 문 앞에서 큰 도끼 자랑했구나[來來往往一首詩 魯班門前弄大斧]."

이름난 장인匠人인 노반 앞에서 목공 기술을 자랑해서는 안 되듯이, 위대한 시인인 이백 앞에서 어떻게 시를 짓는 재주를 자랑할 수 있느냐는 말로서, 남을 높이고 자기를 낮추는 태도를 지녀야 한다는 의미로 남긴 글이었다.

제 솜씨 자랑하기 좋아하는 버릇은 극복하기 어려운 사람의 공통된 천성이라고 한다. 그래서 우리는 가끔 공자 앞에서 '예禮'를 논하고 부처님 앞에서 설법하는 것과 같은 잘못을 범하기까지 한다. 그러다가 대부분은 웃음거리가 되곤 한다.

"군자는 소처럼 힘이 세다 해도 소와 힘을 겨루지 않는다. 말처럼 빠르게 달린다 해도 말과 달리기를 다투지 않는다. 선비처럼 지혜롭다 해도 선비와 지혜를 다투지 않는다"라는 말이 있다. 남송南宋 때 철학자 유청지劉清之의 『계자통록戒子通錄』에 실려 있는 내용이다. 이 말속에는 자신의 실력을 과대평가하여 함부로 공자 앞에서 문자를 쓰고, 노반魯班의 대문 앞에서 도끼 솜씨 자랑하는 무모한 어리석음을 경계하라는 뜻이 담겨 있다.

그들이 열변을 토하며 자랑하고 다니는 그 비상한 재주라는 것들을 우리 눈으로 직접 볼 수는 있으려나. 모름지기 자신의 능력은 스스로가 가장 잘 안다고 했다. 지금이라도 이들이 솔직하게 제가 많이 부족하니 국민 여러분이 도와주시면 최선을 다해 잘 해내겠다는 각오를 펼쳐 보이는 건 어떨까?

감히 국민을 상대로 노반의 수제자인 양 행세하는 걸 보니, 그야말로 가소롭기 그지없다. 조용히 지켜보는 우리 국민이 바로 공자요, 부처님이요, 노반임을 그들이 깨우치기를 간절히 바랄 뿐이다.

# 눈을 뜨고 귀를 열어라

## 믿고 안 믿고는 우리 백성들의 몫이다.

초楚나라에 사는 가난한 서생이 『회남자淮南子』를 읽다가 "사마귀는 매미를 잡을 때, 나뭇잎을 이용해서 자기 몸을 숨긴다"라는 내용을 보았다. 무언가 느낀 것이 있어서 그는 숲에 들어가 나뭇잎에 달라붙은 사마귀를 열심히 찾았다.

한나절을 고생하던 그는 마침내 나뭇잎 뒤에 숨어서 매미를 잡을 기회를 엿보는 사마귀를 발견하고는 쾌재를 불렀다. 그는 얼른 그 나뭇잎을 땄다. 그러나 실수로 나뭇잎을 떨어뜨리는 바람에 먼저 떨어져 있던 나뭇잎과 구분할 수 없게 되었다. 그는 하는 수 없이 부근의 나뭇잎을 모두 쓸어 담아 집으로 돌아왔다.

사마귀가 앉았던 나뭇잎을 찾으려고 고심하던 그는 아내를 불러 도움을 청했다. 그는 나뭇잎을 하나하나 들어 자기 눈을 가리고는 아내에게 물었다.

"내가 보이는가?"

"보입니다."

아내는 물을 때마다 곧이곧대로 대답했다. 그러나 며칠이 지나도록 남편이 계속해서 나뭇잎을 번갈아 가며 눈을 가리고는 똑같은 질문을 하자 슬그머니 화가 났다. 나중에는 귀찮아서 "안 보입니다"라고 대답하였다.

서생은 뛸 듯이 기뻤다. 드디어 남으로부터 자신을 숨길 수 있는 나뭇잎을 찾았다고 생각한 그는 조심스럽게 그 나뭇잎을 들고 시장으로 갔다. 그리고는 나뭇잎으로 자신의 눈을 가린 채, 아랑곳하지 않고 돌아다니면서 물건을 훔치기 시작했다. 사람들이 자기를 볼 수 없다고 생각한 그는 점차 대담해졌다. 그러다가 금방 사람들에게 붙잡혀 관아로 끌려갔다.

고을의 관리가 그를 심문하자 그는 말했다.

"나는 지금 이 나뭇잎으로 눈을 가렸기 때문에 당신도 나를 볼 수가 없을 것이오."

관리는 어이가 없어 그 연유를 계속 추궁했다. 마침내 관리는 서생으로부터 자초지종을 듣게 되었다. 관리는 한바탕 크게 웃으며 서생을 미친놈이라고 생각하여 죄를 묻지 않고 그냥 놓아주었다. 삼국시대 위魏나라 사람 한단순邯鄲淳이 쓴 중국의 고전 유머

집『소림笑林』에 실려 있는 이야기이다.

춘추시대 갈관자라는 사람의 저서로 알려진『갈관자鶡冠子』의 「천칙天則」편에 보면 다음과 같은 구절이 있다.

“무릇 귀는 청각을 지배하고, 눈은 보는 것을 통제한다. 그러나 나무 잎사귀 하나로 눈을 가리면 태산을 보지 못하고, 콩 두 알로 귀를 막으면 천둥소리도 듣지 못한다[夫耳之主聽 目之主明 一葉蔽目 不見泰山 兩豆塞耳 不聞雷霆].”

여기서 ‘일엽폐목 불견태산一葉蔽目 不見泰山’이라는 성어가 생겼는데, 줄여서 ‘일엽폐목一葉蔽目’ 또는 ‘일엽장목一葉障目’이라고도 한다. 즉, “나뭇잎 하나가 눈을 가린다”라는 뜻으로, 자질구레하고 단편적인 현상에 가려 사물의 전모나 근본적인 문제를 깨닫지 못하는 경우를 비유하는 고사성어로 사용되는 말이다.

우리는 살아가면서 이런 ‘눈 가리고 아웅’하는 식의 경우를 많이 본다. 특히 예나 지금이나 너무 사과를 잘해서 가끔은 우리를 의아하게 만드는 정치권의 행태가 그러하다.

여당 대선후보는 정부의 여러 정책이 잘못되었다고 대신 사죄한다고 고개를 숙이고, 야당 대선후보는 과거 자신들의 정책에 오류가 있었다고 사과한다. 너무 엉뚱한 사과에 ‘저 모습이 과연 진심일까?’하고 반신반의하며 놀라는 사람들이 많다. 후보가 되기 전에는 자신들의 정책에 오류가 없고 오히려 백성들이 무지해서 그렇다고 강변해왔기 때문이다.

이렇듯 어제는 옳고 정당했던 일이 오늘에 이르러 그르고 옳지 않은 일로 바뀌는 일이 수시로 반복된다. 시대 상황에 따라 해석이 달라지면 세상이 그렇게 흘러가는 것이라고 받아들일 수도 있을 텐데, 정치적 입장에 따라 달라지는 결과는 우리를 몹시도 곤혹스럽게 만들곤 한다. 세상이 몹시도 어지럽다고 느끼는 건 당연하다.

어찌 되었든, 이런 태도는 사실 여부를 떠나 백성들을 아주 우습게 아는 오만함이 정치권에 만연되어 있다는 반증이기도 하다. 오죽하면 세상 민심을 보는 자세가 이러하니, 나뭇잎 하나로 제 눈을 가리고 콩 두 알로 제 귀를 막고 있다는 비아냥을 듣겠는가. 믿고 안 믿고는 우리 백성들의 몫이다.

누가 당선되든 정권이 바뀌면 뒤집힐 것들이 많을 거라는 건 누구나 짐작하고도 남는다. 곧 우리 사회는 또 한바탕 시끄러워질 것이고, 서민의 처지에서는 정권이 바뀔 때마다 달라지는 정책을 어떻게 받아들여야 할지 몰라 곤혹스럽게 지켜보게 될 것이다. 당연히 옳고 그름에 대한 가치판단 기준이 또 흔들릴 수밖에 없다.

그러나 백성들은 언제나 현명하다. 역사가 이를 증명하고 있다. 제아무리 무소불위無所不爲의 권력을 가지고 한 시대를 호도한다고 해도, 잠시 구부러진 역사를 바로 세운 건 역시 백성들이었다. 백성들의 힘이 이와 같을진대, 민심을 등지고 어찌 천하를 다스릴 수 있으리오?

천하를 얻으려는 자들이여. 지금도 늦지 않았다. 자신의 눈을 가리고 있는 나뭇잎을 걷어내고 귀를 막은 콩알을 빼내라. 그리고 자세를 낮추고 백성의 소리에 귀를 열어라.

자고로 어리석은 군주는 있었어도 어리석은 백성은 없었느니라.

## 겨울의 길목에서

**더 늦기 전에 겨우내 살림 채비에 들어가라.**

비가 내린 후에 기온이 뚝 떨어지면서 가을도 막바지에 이른 느낌이다. 은행나무 가로수 길은 온통 노란색으로 뒤덮였다. 두꺼운 옷을 입고 종종걸음을 하던 학생들이 너도나도 하나씩 집어 들고 깔깔대는 모습이 낯설지 않다.

문득 학창 시절로 되돌아간 듯 상념에 빠진다. 젊은 시절, 누구나 한 번쯤은 낙엽을 책갈피에 고이 끼워 말린 적이 있으리라. 아주 매끈한 낙엽도 좋지만, 나는 벌레 먹어 구멍 난 노란색과 붉은색 낙엽을 유난히 좋아했다. 왠지 온통 노랗고 붉은 잎새일수록 행운을 가져다줄 것 같은 막연한 믿음 때문이었다.

그래도 한편으로는 계절이 바뀌면서 속절없이 흘러가는 시간이 아쉬워 눈을 들어 하늘을 본다. 구름 한 점 없는 파란 가을하늘이 펼쳐져 있다.

“연못가의 풀들이 미처 봄 꿈에서 깨기도 전에[未覺池塘春草夢], 뜰 앞 오동나무 잎에서는 벌써 가을의 소리가 들려온다[階前梧葉已秋聲]”라고 했던가. 뭐가 급하다고 혼자만 그리도 바쁘게 살아왔던가. 낙엽 한 잎 떨어진 것을 보고서야 비로소 가을이 왔음을 느끼는 내가 무심하다.

조선 철종 때의 명신 조두순趙斗淳이 낙향하는 집안사람을 위해 시 한 수를 써주었다.

“오동 한 잎 날리자 천하가 가을이로세, 가을바람 가을비만 외로운 누각에 가득하구나. 그대 아직 한양에 미련 있음을 내 알지만, 그저 걱정스러워 그러니 머물 생각 감히 하지 마소[一葉梧飛天下秋, 秋風秋雨滿孤樓. 知君更有門閭戀, 未敢相留秪自愁].”

훌훌 털고 돌아가겠다는 생각을 잘했으니 복잡한 한양 생활에 더 미련을 두지 말라는 뜻을 전한 것이다. 세월이 바뀌는 것을 두고 인생의 경고음으로 여기라는 의미로 쓰는 경우도 많다. 시간의 흐름을 어떻게 받아들이느냐에 따라 새로운 것을 찾아 도전하는가 하면, 덧없는 것이 될 수도 있다.

“인생은 나그네와 다름이 없어, 백 년 인생 손 한번 뒤집음과 같네.

가을바람 잎 하나 떨구니, 벌레 소리 어이 이리 소란스러운가.

객사가 서늘해짐을 기뻐하면서, 한밤중 말없이 앉아 있노라.

어지럽고 시끄러운 명리의 길엔, 벼슬아치 수레만 분주하구나.

덧없는 한 꿈을 깨고 나면, 스러져 뉘 다시 살아 있으리.

오래오래 잘 보존하여, 세상사에 통달한 이와 더불어 논하고 싶네.”

조선 중종 때 좌의정을 지낸 용재容齋 이행李荇이 중국에 사신 갔다 돌아오는 길에 쓴 시, “낙엽 한 잎 떨어지니 천하가 가을임을 아노라[一葉落知天下秋]”의 구절이다. 이렇듯 계절이 바뀌는 것을 자연의 섭리로 받아들이면서도 유독 여름에서 가을로 변하는 시기에 이르면, 정서적으로 그 민감한 느낌을 여러 형식으로 노래하곤 했다.

봄에 뿌린 씨앗을 때가 되어 거두어들이는 생산과 수확의 계절을 두고 인생의 풍요로움에 비하기도 하고, 울긋불긋한 단풍을 통해 삶의 여유와 풍류의 즐거움을 만끽하면서도, 곧이어 떨어지는 낙엽을 보고 인생의 황혼을 이야기하면서 숙연해지기도 한다.

수확의 즐거움을 누리는 마음 한 켠에는 추운 겨울을 준비해야 하는 농부의 바쁜 손길이 있듯이, 인생의 절정기를 맞아 삶의 행복을 누리는 한편으로 안락한 노후에 대한 준비도 게을리 해서는 안 된다는 조급함이 있는 것이다.

굳이 천하의 이치를 터득하는 정도의 경지에 이르지 않아도 계절이 바뀌는 이치쯤은 때가 되면 대략 알 수 있을진대, 바쁜 일상에 여기저기 정신없이 지내다 보니 사람답게 사는 이치를 잊었나 보다.

길거리에 나뒹구는 낙엽 사이로 가을이 가고 있다. 아직 떨치지 못한 미망迷妄이 많이 남았으니 더 늦기 전에 털어내야겠다. 무어라 표현하기 어려운 쓸쓸함이 가슴을 슬그머니 파고든다. 이제 겨울이 코앞에 이르렀다는 생각에서다.

“추위가 오면 더위는 가니, 가을에는 거두어들이고 겨울에는 재워 놓으라[寒來暑往秋收冬藏]”라고 했다. 거둬들일 게 별로 없는 서민들에게는 동지섣달 긴긴 겨울을 버티는 게 걱정이다.

이럴 때 떠오르는 교훈이 있다. “물가에 우두커니 서서 고기를 보고 부러워하느니, 얼른 집으로 돌아가 그물을 짜는 것이 낫다[臨河羨魚不如結網]”라는 말이다. 『회남자淮南子』「설림훈說林訓」 편에 나오는 말로, 가을이 끝나고 미처 준비도 없이 겨울을 맞아서는 안 된다는 가르침이다.

더 늦기 전에 겨우내 살림 채비에 들어가야 하겠다. 그 준비에 조금의 게으름도 있어서는 안 되리라.

## 복문福門을 열자

**내 의견을 존중받으려면 상대방 의견부터 먼저 존중하라.**

인간의 희로애락 가운데 '노여움[怒]'이 가슴 속에 쌓여 있다가 폭발한 형태를 '화火'라고 한다. 우리가 일상에서 자주 쓰는 '화병火病'은 그 노여움이 극에 달해 가슴속에 쌓여 있다가 마음의 병으로 나타난 것을 이르는 말이다.

오늘날 우리 사회에 '화'가 어느새 중요한 화두로 등장했다. 사소한 일을 참지 못하는 바람에 자신을 망치는 것은 물론, 가족과 이웃에게도 피해를 주는 일이 다반사로 일어나고 있다.

얼마 전에는 기분이 나쁘다고 길거리에서 일면식도 없는 사람에게 주먹을 휘두르는가 하면, 새로 사 온 침대를 조립하는 소리에 화가 난다고 아버지와 누이를 아령으로 때려 숨지게 한 사건이 발생하기도 했다. 사소한 일에도 화를 참지 못하는 사람들이 길거리를 활보하고 있으니 걱정스럽다.

누구나 '화'를 내면서 살아간다. 그러나 누구나 다 치밀어 오르는 화를 외부로 나타내며 살아가는 것은 아니다. 화를 잘 처리하면 성숙한 인간으로서의 면모를 갖추게 된다. 그러므로 자신의 삶을 평화롭게 이어가려면 우선 화를 잘 다스리는 방법을 스스로 터득하는 것이 중요하다. 사회적으로 이런 일들이 문제로 떠오르는 이유 가운데 우리 교육 현장의 문제점을 지적하는 전문가들이 많다. 일방적인 지식 전달체계를 자유토론에 익숙한 분위기로 바꾸어야 한다는 것이다.

토론을 잘하는 비결은 상대방의 의견을 존중하는 태도에서 출발한다. 내 의견이 존중받으려면 상대방의 의견부터 먼저 존중해야 한다. 토론의 기술은 각각의 의견 차이를 어떻게 조화롭게 조정할 수 있는지에 달려 있다.

장자莊子는 화가 치밀어 오를 때, 그 화를 잠재우는 방법을 호랑이를 기르는 사육사를 예로 들면서 다음과 같이 말하고 있다.

"호랑이에게 살아 있는 짐승을 먹이로 주지 않는 것은 호랑이가 그것을 죽일 때 사나워지는 것 때문이며, 짐승 한 마리를 통째로 먹이로 주지 않는 것은 호랑이가 그것을 찢을 때 사나워지기 때문이다. 그러므로 굶주릴 때와 배부를 때를 잘 살피고, 그 사나운 마음을 파악하는 데 통달해야 한다. 호랑이가 자기를 길러주는 사람에게는 잘 보이려 하는 것은 호랑이의 성질에 따라 먹이를 맞추어 주기 때문이다. 반대로 호랑이가 자기를 길러주는 사람을 공격하는 것은 호랑이의 성질을 거슬렀기 때문이다."

『장자莊子』「인간세人間世」 편에 나오는 이야기로서 '달기노심達其怒心'이라는 고사성어의 어원이다. 여기에서 '달達'은 상황 대처를 적절히 잘하는 것을 말한다.

장자는 좋은 인간관계를 유지하려면 내 감정을 앞세우기보다는 상대방의 감정을 먼저 잘 살피고 그것을 존중하는 태도를 보여야 한다고 말한다. 상대편의 처지나 입장에서 먼저 생각해 보고 이해하라는 뜻을 가진 '역지사지易地思之'의 지혜를 가리키는 말이다.

『맹자孟子』「이루離婁」 편에도 "남을 예우해도 답례가 없으면 자기가 남을 공경하는 태도를 돌아보고, 남을 사랑해도 친해지지 않으면 자기 자신의 인자함을 돌아보고, 남을 다스려도 다스려지지 않으면 자기의 지혜를 돌아보라[禮人不答反基敬 愛人不親反基仁 治人不治反基智]"라고 했다.

이 말도 모든 일을 자기중심의 시각이 아니라 상대의 관점에서 헤아려 보라는 역지사지의 지혜를 가르치고 있다.

요즈음 정치판을 보고 있노라니 오가는 말이 너무 거칠고 상스럽기 그지없다. 나라를 이끌어가는 사람들의 말로 보기에는 너무 한심스러운 수준이다. 스포츠 경기에서도 선수들은 주어진 시간 속에서 치열하게 싸우다가, 시간이 지나 승부가 결정되면 거기에 승복하고 서로 위로하는 모습을 보인다. 페어플레이가 다음 경기를 보장하기 때문이다.

그런데 지금 정치판의 모습은 승자는 너그러운 모습이 부족하고 패자는 부끄러움을 모른다. 도대체 저잣거리의 모리배만도 못한 저런 자들에게 우리가 뭘 믿고 나라를 이끌어 달라고 표를 주었을까? 이긴 자나 진 자나 도긴개긴인데 말이다.

인간사 '새옹지마塞翁之馬'라고 했다. 내일의 일은 아무도 모른다. 오로지 세상만사 마음먹기에 달린 것이 아니겠는가. 화나는 일이 있으면 그 일로 속상해하지 말고 마음의 문門을 활짝 열고 상대가 잘한 점을 찾아 칭찬해보자. 그게 바로 내 삶을 살찌우는 '복문福門'이다.

생각을 바꾸면 내일이 달라진다. 열린 마음으로 문을 활짝 열어젖히면 만萬 가지 복이 들어온다. 더구나 지금은 풋풋한 기운이 밀려드는 상쾌한 봄날이 아닌가!

# 시제時祭의 계절

**삼라만상의 근원은 하늘이며 인간의 뿌리는 조상이다.**

친구 모친상 부음訃音을 듣고 서둘러 문상길에 나섰다. 도심을 벗어나 교외로 나오니 산과 들이 온통 오색으로 물들었다. 허수아비가 정겹던 들판은 어느새 추수가 끝나가고, 길가에 늘어서서 싱그러움을 자랑하던 나무들도 하나둘 힘에 부치는 듯 잎사귀들을 떠나보내고 있다. 오가는 차량 행렬 속에 단풍놀이 가는 관광버스가 사라진 것만 빼곤 시간은 이미 가을 깊숙한 계절 속으로 들어섰음을 느낄 수 있다.

장례식장에 들어서자 현관 벽에 '신종추원愼終追遠'이라고 쓴 커다란 액자가 눈에 들어왔다. 글귀를 보는 순간 문득 고향의 경치가 눈에 어른거린다. 이맘때가 되면 마음은 늘 고향으로 가 있다.

추수가 끝나면 제일 먼저 떠오르는 행사가 바로 시제時祭였다. 이맘때가 되면 자주 가보지 못하는 고향에 억지로라도 가야 하는 명분이 바로 조상을 모시는 집안 제사, 즉 시제이기 때문이다.

신종추원은 『논어』 「학이學而」 편에 나오는 말이다. '신종愼終'은 "부모의 임종을 신중히 하다"라는 말로 장례를 극진하게 모신다는 뜻이며, '추원追遠'은 "먼 조상을 추모한다"라는 뜻으로 제사를 정성스레 올린다는 뜻이다. 이 말은 증자曾子가 "부모의 장례를 극진하게 모시고 정성스러운 제사를 통해 조상을 잘 모시면 백성들의 덕德이 모두 두텁게 돌아온다[愼終追遠 民德歸厚矣]"라고 한 말에서 유래하였다.

이 구문은 논어 전체를 통하여 가장 많이 인용된 것 중의 하나이면서 동시에 인간사회에 있어서 가장 깊은 뜻을 지닌 구절 중의 하나이다. 그리고 우리 삶의 모든 행동양식과 직결된 효행孝行의 연장선에 있는 명언이기도 하다.

우리가 살아가면서 치르는 기본적인 4가지 행사, 즉 사례四禮라고 하는 관혼상제冠婚喪祭가 있다. 관과 혼은 삶의 의식인 가례嘉禮요, 상과 제는 죽음의 의식인 흉례凶禮이다.

신종愼終이란 곧 상례喪禮를 말하는 것이요, 추원追遠이란 곧 제례祭禮를 말하는 것이다. 그러므로 '신종추원'이란 상례인 상과 제를 당한 우리가 어떻게 해야 하는가를 가르쳐 주는 행동규범이다.

19세기 영국의 철학자이며 저명한 사회과학자였던 스팬서

Herbert Spencer는 그의 저서『사회학 원리』에서 "모든 종교의 뿌리는 조상숭배이다"라고 정의하고 있다. 결국 모든 신은 조상신이라는 것이다.

삼라만상의 근원은 하늘이며 인간의 뿌리는 조상이다. 사람이 오늘 자기를 이 땅에 있게 한 핏줄의 뿌리를 찾아 정성을 다해 섬기는 것은 지극히 당연한 도리이며 영원히 변할 수 없는 자연의 섭리라 할 수 있을 것이다.

관공서에서는 개인에게 발급하던 호적등본 대신 오로지 자신만의 가계를 확인할 수 있는 가족관계증명서를 발급한 지 꽤 오래되었다. 법으로 정해놓은 개인정보 보호라는 규제 때문에 우리는 형제 사이라도 그 혈통을 확인하려면 번거로운 절차를 거쳐야 하는 시대에 살고 있다.

양성평등도 좋고 여권신장도 좋다. 하지만, 사람에게는 혈통과 가계의 내력이 근본이므로 이보다 더 중요할 수는 없을 것이다. 강아지도 혈통이 있는 족보가 있어야 비싸게 팔리는 세상인데, 하물며 만물의 영장인 우리 인간에 있어서 그보다 더 소중한 가치가 있으랴. 그래서 족보가 중요한 것이다. 성경 마태복음에도 아브라함에서부터 예수에 이르기까지 무려 42대에 이르는 가계도가 실려 있다. 바로 인간 예수의 족보다.

예로부터 조상을 숭배하는 의식의 기본적인 절차가 바로 제사였다. 가문에 따라 제사를 어떻게 모시느냐에 따라 다른 가문과 차별화되기도 하였고 제사 차림 상의 규모에 따라 사회적 인식도 달랐다. 그래서 각 가문에서는 나름대로 조상을 모시는 제사에 정성을 다하려고 노력하였다. 이와 같은 현상은 대성 명문 가문일수록 더욱 강하게 나타났던 것은 물론이다.

오늘날에는 차례와 제사를 두고 여성들의 목소리도 커졌다. 상다리가 부러지도록 음식을 만드는 몫은 여전히 며느리들이 도맡아 하기 때문이다. 가부장적 전통사회에 익숙한 우리 사회에서는 쉽게 바뀌지 않는 풍토라서 가끔은 듣기 민망한 뉴스들이 올라오곤 한다.

지방과 계층에 따라 또 집안마다 다양한 제사의 형식이 있었으나 제사를 모시는 근본정신은 다르지 않았다. 그것은 바로 조상을 공경하는 자세와 각자가 정성을 다하는 것이었다. 즉, 제사의 근본정신인 공경을 실천하는 방법의 차이였을 뿐이다. 그러므로 시대의 흐름에 따라 이제는 바뀌어야 한다. 빈 상에 맑은 물 한 그릇을 올리더라도 조상을 모시는 정성스러운 마음을 그 안에 담으면 된다.

온 산천이 붉게 물들어가는 이 계절에 단 하루만이라도 오늘의 나 자신을 있게 하신 얼굴도 모르는 먼 조상님들을 떠올려 보자. 그리고 고향으로 달려가 문중 구성원들이 모두 모이는 시제時祭에 참석해 보는 건 어떤가?

돌아와서는 가족과 함께 족보라도 한 번 펼쳐볼 일이다.

## 불구대천의 원수不俱戴天之讐

**상대를 겨누는 칼끝이 언젠가는 자신을 향한다.**

예로부터 중화 문화권에서는 아버지나 스승 또는 친구의 원수를 갚기 위해 복수하는 행위를 의로운 행동으로 여겨왔다. 이는 가부장제 중심의 인간관계를 중시했던 고대 중국의 사회적 배경과 관계가 깊다. 어떤 연유 때문에 상대방과 원수가 되면 반드시 그 원수를 갚는 것이 인간으로서의 마땅히 해야 하는 도리였다.

원수 가운데에서도 반드시 죽여야만 하는 상대를 두고 '철천지 원수'라고 하였다. 이는 바로 '아버지의 원수'를 가리키는 말로서 '불구대천의 원수不俱戴天之讐'라고 한다.

"하늘을 같이 이지 못할 원수"라는 뜻의 이 말은 이 세상에서 같이 살 수 없을 만큼의 큰 원한을 비유하여 이르는 말이다. 오늘날이 말은 아버지의 원수에 한하지 않고 "더불어 살 수 없을 정도로 미운 놈"이란 뜻으로 쓰이고 있다.

『예기禮記』「곡례曲禮」편에 다음과 같은 내용의 글이 실려 있다.

"아버지의 원수와는 함께 하늘을 이고 살 수 없고[父之讐弗與共戴天], 형제의 원수를 보고 무기를 가지러 가면 늦으며[兄弟之讐不反兵], 친구의 원수와는 같은 나라에 살아서는 안 된다[交遊之讐不同國]."

즉, 아버지의 원수와는 같은 하늘을 이고 함께 살 수 없으므로 반드시 죽여야 하고, 형제의 원수를 만났을 때 집으로 무기를 가지러 갔다가 원수를 놓쳐서는 안 되므로 항상 무기를 지니고 다니다가 그 자리에서 바로 죽여야 하며, 친구의 원수와는 같은 나라에서 함께 살 수 없으므로 나라 밖으로 쫓아내든가 아니면 역시 죽여야 한다는 뜻이다.

원수 갚는 것을 의로운 행위로 칭송을 받았던 전통사회의 가치는 오늘날에 와서는 범죄행위로서 엄중한 처벌을 면할 수 없게 되었다. 그것은 복수가 또 다른 복수를 낳는 과정을 반복하면서 그로 인한 사회적 파장과 폐해가 만만치 않기 때문이다.

그러나 정치를 하는 사람들에게는 이런 사회적 인식의 변화 정도는 무시되는 것이 다반사가 되었다. 상대가 부모를 죽이거나 스승, 친구를 죽인 원수 사이도 아닌데도, 단지 이익을 좇는 바가 다르다는 이유로 자신들이 정권을 잡기만 하면 상대의 흠결을 끝까지 추적하여 파멸의 구렁으로 몰아가니 말이다. 거기에는 아량과 용서가 없다. 보복의 칼날이 너무나 예리해서 차마 지켜보기조차도 어렵다.

중국 전국시대 위魏나라의 범저范雎는 모함을 받아 죽음의 위기에서 진秦나라로 달아났다. 그는 이름을 장록張祿으로 바꾸고 자신의 출중한 재능을 발휘하여 마침내 재상의 지위에까지 올랐다.

『사기史記』「범저채택열전范雎蔡澤列傳」에 보면, "그는 자신이 곤경에 처하였을 때 도움을 준 이들에게는 재산을 나누어 보답하고, 밥 한술이라도 얻어먹은 작은 은혜도 반드시 보답하였다. 그러나 한편으로는 눈이라도 한 번 흘겨본 작은 원한도 잊지 않고 반드시 보복하였다[一飯之德必償, 睚眦之怨必報]"라고 하였다. 여기서 유래한 '애자필보睚眦必報'라는 성어는 '눈을 한 번 흘겨본 것도 원한으로 새겨두고 반드시 보복'하는 도량이 극히 좁은 사람을 빗대어 사용한다.

옛말에 "복수는 또 다른 복수를 낳는다"라고 했다. 자신의 권력을 유지하기 위해 만든 제도와 법에 결국 자신도 희생되는 법이다.

중국 최초 통일왕조 진秦나라의 재상 이사李斯의 경우가 그러하다. 그는 진나라가 천하를 통일하는데 최고의 공신이었지만 입신출세를 위해 많은 사람을 죽음으로 내몰았다. 특히, 모든 면에서 자기보다 나은 동문수학했던 한비자韓非子까지 모함하여 죽였다.

하지만 그는 진시황이 죽자 자신은 물론 집안사람까지 모두 목숨을 잃는 멸문지화를 당했다. 한때 기득권 세력과 격렬하게 투쟁했던 진보주의자가 기득권 세력이 된 다음에는 그 기득권을 놓지 않으려고 불의와 타협하고 시대에 역행하는 선택을 내린 결과였다. 영원한 권력은 없기 때문이다.

바라건대, 지금 상대를 겨누고 있는 그 칼끝이 언젠가는 반드시 자신에게 돌아오리라는 것을 잊지 말기를 바랄 뿐이다. 일찍이 서로 불구대천의 원수였던 사이도 아닐 텐데 말이다.

시절이 하 수상해서 그런지 입춘을 지나 봄기운을 노래하는 계절인데도, 저잣거리는 여전히 꽁꽁 얼어붙어 풀릴 기미조차 없다.

# 이익과 도리

**국익은 안중에 없고, 오로지 정파적인 이익만 있을 뿐**

인간을 움직이는 동기는 무엇인가? 인정이 아니다. 애정도 아니고 동정도 아니며 의리도 아니다. 단 하나, 오로지 이익利益이다. 인간은 이익을 따라 움직인다. 그래서 사람은 하고자 하는 욕망과 그것의 옳고 그름을 가리는 양심 사이에서 늘 고민한다.

공자나 맹자와 같은 성인은 별다른 고민 없이 이익과 도리의 가치를 역설했을 것 같지만 사실은 그렇지 않다. 그들도 사람이 하고 싶은 욕망과 그것을 규제하는 기준을 이야기하면서 이익과 도리의 관점에서 풀어나갔다.

춘추시대, 정鄭나라와 송宋나라 사이에 전쟁이 벌어졌다. 결전을 앞두고 송나라의 대장 화원華元은 군사들의 사기를 돋우기 위해 특별히 양고기를 준비했다. 군사들은 크게 기뻐하여 맛있게 먹으며 전의를 불태웠다. 그런데 대장 화원의 마차를 모는 마부 양짐羊斟에게는 양고기를 주지 않았다. 의아하게 생각한 부장副將이 화원에게 그 까닭을 물었다.

"마차를 모는 자까지 양고기를 먹일 필요는 없다. 마부는 전쟁과 아무런 관계가 없으니까."

이튿날 전투가 시작되었다. 화원은 여느 때처럼 양짐이 모는 마차 위에서 전군을 지휘했다. 두 나라 군사력이 팽팽하여 좀처럼 쉽게 승패가 날 것 같지 않았다. 전세를 관망하던 화원이 정나라 군의 약점을 파악했다. 화원은 양짐에게 명령하였다.

"마차를 오른쪽으로 돌려라. 전군은 나를 따르라. 적의 약점이 저기에 있다."

대장의 신호에 따라 마차가 오른쪽으로 방향을 틀었다. 곧이어 군사들이 함성을 지르며 화원의 깃발이 가리키는 방향으로 진격해 들어갔다. 정나라 군 진용이 흐트러지기 시작했다. 그런데 정나라 군이 거의 궤멸하기 직전에 갑자기 대장의 마차가 정나라 병력이 밀집해 있는 왼쪽으로 방향을 틀었다. 당황한 화원이 마차의 방향을 바꾸라고 다급하게 소리쳤다. 말고삐를 잡은 양짐이 코웃음을 치며 대답했다.

"어제 양고기를 군사들에게 먹인 것은 장군의 판단에 따라 한 일이지만, 오늘 내가 말을 모는 일은 내 판단에 따라 하는 겁니다[疇昔之羊 自爲政, 今日之事 我爲政]."

엉뚱하게도 정나라 진영 한가운데로 들어간 화원은 졸지에 포로가 되고 말았다. 지휘관을 잃은 송나라 군은 허둥대면서 급격하게 전열이 무너졌다. 정나라는 대승을 거두었다. 송나라의 패배는 바로 마부 양짐이 결정적인 순간에 개인적 감정을 앞세워 이적행위를 한 때문이었다.

이 고사는 『춘추좌씨전春秋左氏傳』「평전評傳」에 실려 있다. 전체의 이익을 고려하지 않고 자기가 속한 집단이나 개인의 이익을 앞세워 행동하게 되면, 결국 자신은 물론 전체에게 심각한 손해를 일으키는 결과를 초래한다는 가르침으로, 오늘날 '각자위정各自爲政'이라는 가르침으로 널리 회자되고 있다.

오늘날 정치인들은 어떤가? 입만 열면 국민을 위하는 결정이라고 너스레를 하면서도 돌아서면 개인적, 당파적 이익에 충실한 행동으로 국민을 실망시키기 일쑤다. 경기부양을 위한 법안을 만들어 처리를 요청해도, 그때마다 본질과는 아무런 관련이 없는 다른 사안과 연계하여 조건을 내걸며 반대한다. 매년 예산을 심사할 때마다 나랏빚이야 어찌 되건 말건, 늘 자신의 지역구 예산을 끼워넣기 바쁜 사람들이 아니던가?

저들이 수레를 몰고 밖에 나가 일(?)을 저질렀을 때는 잘못된 사실을 숨기기에만 급급하던 사람들이다. '내로남불'도 이 정도면 안하무인이요 후안무치라는 표현조차 고급스럽다. 계속되는 호들갑에 국익은 안중에 없고, 오로지 정파적인 이익만 있을 뿐이다.

대통령 지지도가 좀처럼 개선될 조짐이 보이지 않는다. 계속되는 구설수에다 이제는 '외교 참사'라고 불리는 일까지 일어났으니, 야당이 주도권을 잡은 국회에서는 이보다 더 좋은 호재가 없다. 그런데 이상한 일이다. 나라 안은 벌집을 쑤셔놓은 것과 같은데, 나라밖에서는 오히려 조용하다. 마치 내 집에 내가 불을 질러놓고 "여기 불났으니 와서 구경하시오"라며 선전하는 형국과 다르지 않다.

『한비자韓非子』는 이렇게 말한다.

"마차를 만드는 사람은 모든 이가 빨리 부자가 되어 마차를 사면 좋겠다고 생각한다. 관을 짜는 사람은 저마다 사람이 빨리 죽기를 기다리고 있다. 그렇다고 해서 전자는 좋은 사람이고 후자는 나쁜 사람이라고 말할 수는 없다. 부자가 되지 않으면 마차를 살 수 없고, 사람이 죽지 않으면 관을 살 사람이 없기 때문이다. 사람이 미워서 죽기를 바라는 것이 아니고 사람이 죽어야 자기에게 이익이 되기 때문이다."

그의 인간사를 바라보는 냉철한 인식이다.

대장의 깃발이 오른쪽으로 향하고 있는데도 마부는 반대편으로 말을 몰아가고 있다. 말고삐를 잡은 마부는 이미 대장이 하는 말은 무시한 지 오래다. 엉덩이로 떨어지는 매몰찬 채찍에 달리는 말의 숨소리는 점점 거칠어진다.

국익을 해치는 소모전이 계속되면서 이제는 국민이 모두 피로감을 느끼고 있다. 이제라도 국익을 중심으로 문제를 바라보고 해법을 찾아야 한다. 그것이 바로 정치하는 자들의 기본 책무이자 도리다.

# 우리가 바라는 세상

**가장 중요한 건 분열을 통합으로 만드는 것이다.**

"앞에 가던 수레가 뒤집히면, 뒤를 따라가는 수레의 본보기가 된다[前車覆後車誡]."

이 말은 『한서漢書』「가의전賈誼傳」에 실린 가의의 상소문 중에 나오는 한 구절이다. 가의賈誼는 전한前漢 문제文帝 때 당대 최고의 천재 학자로 알려진 인물로 최연소 박사가 되었고 박사가 된 지 1년 만에 태중대부太中大夫의 관직에 올라 세간의 주목을 한 몸에 받았다. 그는 약관의 어린 나이에 조정에 나와 국가의 관직과 각종 제도 정비를 위해 수많은 의견을 황제에게 올렸는데, 이 상소문은 그 가운데 하나이다.

상소문의 내용은 다음과 같이 이어진다.

“진秦나라는 너무 빨리 멸망하였다. 나라가 망해 가는 과정은 그 나라가 남긴 수레바퀴의 자국을 보면 능히 알 수 있다. 그런데도 그 바퀴 자국을 피하려고 노력하지 않는다면, 뒤를 따라오는 수레도 마찬가지로 곧 엎어질 것이다. 무릇, 나라의 존망과 다스림과 혼란의 열쇠가 바로 여기에 있다[秦世之所以函絶者 其轍跡可見也 然而不避是 後車又將覆也 夫存亡之變治亂之機 其要在是矣].”

앞에서 달리는 수레가 엎어진 것을 보고 뒤를 따르는 수레는 그것으로 그들의 경계로 삼는다는 뜻으로, 앞사람의 실패를 본보기로 삼아 뒤를 따르는 사람으로서 똑같은 실패를 하지 않도록 조심하라는 경고의 가르침이다. 오늘날 ‘복거지계覆車之戒’라는 성어로 회자되고 있다.

선거가 끝나고 선거의 승패를 분석한, ‘한국 철학의 아버지’로 존경받는 김형석 교수의 인터뷰가 화제다. 김 교수는 문재인 정부를 “실패했고, 실패할 수밖에 없었다”라고 단언했다. 그는 “왜 그럴까? 문 대통령의 정치적 이상이 좌파나 진보보다 앞서 있지 못했기 때문이었다. 그들이 어디로 가는지 모르다 보니 그 안에 빠지고 말았다. 그래서 청와대가 운동권으로 구성됐던 것”이라고 진단했다.

이어서 그는, “정부는 국민과 더불어 계속되고 대통령은 그 가운데 5년을 맡는 것이다. 대통령은 주어진 5년 동안 할 일이 뭔지,

그걸 고민해야 한다. 가장 중요한 건 분열을 통합으로 만드는 것이다. 그런데 취임사 때는 국민통합을 얘기해 놓고 지금까지 분열만 만든 것 같아서 안타깝다"라고 했다.

김 교수는 "문 대통령의 분열 정치를 바꾸려면, 정치의 방향부터 바꿔야 한다"라며 "새 정부가 정치의 방향을 바꾸지 않으면 앞으로 5년 동안 나라는 더 힘들어진다"라고 걱정했다. 또, "권력을 가지고 갈등을 해결하려 하면 승자와 패자가 생긴다"라며, "새 대통령은 대화로서 분열을 통합으로 만들어야 한다"라고 조언했다. 새 정부가 나아가야 할 방향을 가리키는 말씀이다.

모든 국민의 소리를 겸허하게 수용하여 국민이 진정으로 주인이 되는 정부를 만들겠다며 요란하게 출범했던 문재인 정부 5년이 끝나가고 있다. 지난 5년 사이에 우리 사회는 질적인 변화를 가져왔다. 사회의 큰 흐름을 보수와 진보로 양분하던 이분법도 별로 설득력이 없을 정도로 보수는 예전의 보수가 아니요, 진보도 예전의 진보가 아니다.

정권 초기에는 솔깃한 구호 때문에 뭔가 세상이 달라질 것이라는 기대에 잠시 젖었지만, 오만과 독선 그리고 준비되지 않은 국가경영 철학에서 비롯된 시행착오 등으로 사사건건 충돌했다.

보수는 보수대로 자기들이 누려왔던 기득권을 빼앗긴 채 살아온 시간을 견디기 어려워하며 반드시 다시 찾아와야 한다고 칼을 갈아왔다. 진보는 진보대로 오랜 인고의 세월을 끝내고 마침내 가진 자의 위치가 되면서 권력의 달콤함을 맛본 후, 이제 다시는 옛날로 돌아가지 않겠다고 사력을 다해왔다. 그렇게 두 진영은 지난 5년 동안 철천지원수처럼 대치하면서 치열하게 싸웠다. 그 결과 국민은 반으로 더 확실하게 갈라졌고 갈등의 골은 더욱 깊어지고 말았다.

지난 정부가 어느 정권보다도 우리에게 더 많은 상실감을 주는 이유는 무엇 때문일까? 그것은 바로 그들 스스로가 100년 후의 미래를 생각하는 새로운 국가 패러다임을 만들겠다고 호언장담하면서도 정작 바른 인재를 등용하지 않고 국민의 소리에 귀를 기울이지 않은 일관된 오만함과 독선 때문이 아니겠는가.

국민이 새 정부에게 바라는 것은 아주 단순하다. 갈라진 민심을 통합하는 포용정치를 통해 문재인 정부의 실패를 반복하지 않기를 바란다.

민심은 천심이라 했다. 예로부터 스스로 잘났다고 외치던 어리석은 군주는 많았으나 어리석었던 백성은 어느 시대에도 없었던 사실을 잊지 말기를 간절히 바란다.

## 통 큰 정치를 바라며

### 선비의 의리는 궁핍할 때 비로소 드러난다.

후한後漢 말 여남汝南, 지금의 호북성에 사람들의 관상을 잘 보기로 소문이 자자한 허소許劭와 허정許靖이라는 사촌 형제가 살고 있었다. 그들은 매달 초하루月旦가 되면 고을 사람들의 인물을 평했는데, 그 인물평이 매우 적절하여 사람들 사이에 평판이 높았다. 거기에다 매달 인물에 대한 평을 달리하여 발표했기 때문에 여남 지방에서는 '월단평月旦評'이라는 말이 생기게 되었다.

이 소문을 들은 조조가 찾아와 자신에 대한 인물평을 부탁했다. 허소는 그를 보자마자 그의 요청을 거절했다. 그러나 평을 거절하면 죽이겠다고 위협하자 할 수 없이 "그대는 태평스러운 세상에서는 간사한 도적이 될 것이고, 어지러운 세상에서는 영웅이 될 것이오"라고 평을 해주었다.

『십팔사략十八史略』에서는 "그대는 잘 다스려진 세상에서는 능력 있는 신하가 될 것이요, 어지러운 세상에서는 간사한 영웅이 될 것이다"라고 말한 것으로 되어 있다.

아무튼 조조는 '난세의 영웅'이라는 말에 크게 만족하고 돌아갔다. 『십팔사략十八史略』과 『후한서後漢書』「허소전許소傳」에 나오는 이야기이다.

요즈음 새 정부 출범을 앞두고 신문이나 방송 등 각종 매체와 SNS를 통해서 인물평이 자주 오르내리고 있다. 세평에 오르는 인물을 두고 어떤 매체에서는 그의 전문성을 강조하는가 하면, 또 다른 매체는 전문성은 아랑곳하지 않고 그간의 삶의 궤적에 대해 트집을 잡고 흠집을 내는 일이 반복되고 있다.

그런 기사의 행간을 들여다보면 그들이 속한 정파나 집단의 이익을 챙기는 내용으로 가득해서 그 의도를 금방 알아차릴 수 있다. 언론의 본래 기능인 월단평과 같은 공평무사함은 기대할 수 없다.

춘추시대에 진晉나라 도공悼公의 신하 기해祁奚가 중군위中軍尉의 직에 있었다. 그는 나이가 70에 이르자 고령을 이유로 왕에게 사직을 청했다. 왕이 적합한 후임자를 천거해 달라고 하자, 기해는 해호解狐라는 인물을 추천하였다.

왕은 깜짝 놀라 물었다.

"해호는 당신과 원수지간이 아니오? 그런데 어찌 그를 천거하오?"

기해가 대답했다.

"왕께서는 지금 제 후임으로 누가 적임자인지 물은 것이지, 제 원수가 누군지 물으신 것은 아니지 않습니까?"

왕은 감탄했다. 그런데 얼마 지나지 않아 공교롭게도 해호가 취임하기도 전에 죽자, 왕은 기해에게 적임자를 다시 천거하라고 했다. 그러자 이번에는 기오祁午라는 젊은이를 추천하였다. 왕은 다시 한 번 놀라면서 물었다.

"기오는 당신의 아들이 아니오?"

기해가 대답했다.

"왕께서는 지금 제 후임으로 누가 적임자인지 물은 것이지, 저의 아들에 관해 물은 것이 아니지 않습니까?"

평소 그의 공평무사함을 알고 있던 왕은 즉시 그의 아들을 임명하였다. '기해천수祁奚薦讐'라는 성어는 이 고사에서 유래했다.

그러나 세상 사람들이 이렇게 공익을 앞세워 이해관계에 얽매이지 않고 처세하는 경우는 많지 않다. 한유韓愈가 『유자후묘지명柳子厚墓誌銘』이라는 글에서 아침저녁으로 변하는 세상 사람들의 의리와 천박한 인심을 꼬집은 것은 의미심장하다.

"선비의 의리는 궁핍할 때 비로소 드러난다. 요즘 사람들은 서로 흠모한다고 말하며, 어울려 먹고 마시고 노닌다. 오라 하면 달려가고 살랑살랑 억지로 웃음 짓는다. 굽실거리고 낮추며 두 손을 부여잡고 간이라도 빼줄 것처럼 한다. 해를 가리키고 눈물도 흘리면서 죽어도 변치 말자고 맹세한다. 진짜 그럴 것처럼 보인다. 하지만 일단 머리털 같은 자그마한 이해관계에 부딪히면 안면을 바꿔 모르는 사람 취급한다. 함정에 빠져도 손을 내밀어 구해 주지 못할망정 도리어 밀어뜨리고 다시 돌을 던진다. 세상인심이 모두 그러하다. 금수와 오랑캐조차도 차마 하지 않는 일이다."

한유가 살았던 시대나 오늘날이나 사람들의 천박한 의리와 가벼운 인심의 행태는 판에 박은 듯 빼닮았다.

정부의 임기 말 알박기 인사는 계속되고 있다. 코로나와 동해안 산불 등으로 긴급하게 편성되어야 할 50조 원 추경도 현 정부 임기 내에는 추경을 제출하는 일은 없을 것이라고 버틴다. 여전히 여론을 무시하는 소통 부재의 모습이다. 차기 정부의 원만한 출발을 도와야 할 처지에 있는 사람들의 옹졸한 자세는 보기조차 민망하다. 오직 국민만 보겠다고 했던 사람들이었는데 말이다.

이런 상황에서 새 정부 내각 인선에 '통합 키워드'가 반영될지 주목된다. 당선인 직속 국민통합위원회에 민주당 출신을 대거 들였다.

대변인은 "인위적으로 특정 정당에 계셨던 분들을 모셨다기보다 진영과 관계없이 인선한 것"이라며, "추가 인선도 같은 기준으로 이뤄질 것"이라고 했다. 인수위 관계자도 "윤 당선인이 가장 싫어하는 게 네 편 내 편 갈라치기"라며, "그런 것 없이 운동장을 넓게 쓰는 대통령이 되겠다는 의지가 강하다"라고 말했다.

새 정부 조각에서 보수 저변을 강화하면서도 밖으로는 민주당 출신 인사를 과감히 발탁하지 않겠는가 하고 기대하는 전망이 나오는 이유다.

봄비를 맞은 대지가 꿈틀대고 있다. 새로운 기운이 가득한 계절에 묵은 짐을 털어내고 우리 다시 마음을 모아 함께 뛸 준비를 하자.

# 네 번째 마당

# 변화와
# 소통이
# 핵심이다
# (通)

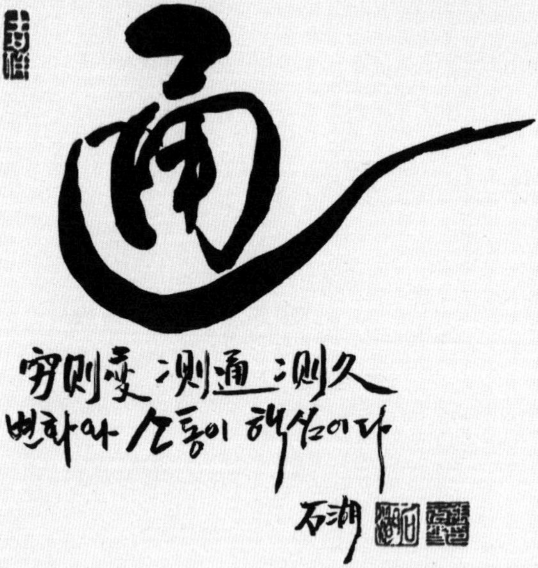
通
窮則變 變則通 通則久
변화와 소통이 해법이다
石湖

## 항산恒産과 항심恒心

### 항산이 없으면 항심도 없다.

제齊나라 선왕宣王이 맹자를 만나 백성을 다스리는 요령을 물었다.

맹자가 대답했다.

"인덕仁德을 베풀어 모든 사람이 왕을 존경하여 왕의 나라로 모여드는 정치를 하소서."

제선왕이 다시 물었다.

"어떻게 하면 그렇게 할 수 있는지 그 방법을 가르쳐 주시오."

맹자가 다시 말했다.

"백성에게 가장 중요한 것은 '항산恒産'과 '항심恒心'을 갖게 하는 것입니다. 항산이 없으면 항심도 없기 때문입니다."

맹자가 지적한 항산과 항심은 무엇인가? 주자가 『맹자』에 주석

문을 덧붙여 저술한 『맹자집주대전孟子集註大全』에 보면, "항산은 수입을 만들어내는 생업을 말하고, 항심은 사람이 항상 가지고 있는 선한 마음[恒常也 產生業也 恒產可常生之業也 恒心人所常有之善心也]"이라고 설명하고 있다.

즉, 항산은 백성들이 생업으로 먹고살 수 있는 일자리, 즉 일정한 수입의 근원을 말한다. 일하려고 하는 사람에게는 그 사람에게 맞는 일자리를 가질 수 있도록 하는 것이다. 그리고 항심은 도덕심을 말한다. 바른 생각을 하고 바른 행동을 하는 것인데, 그렇게 하려면 먼저 먹고사는 데에 부족함이 없는 수입을 보장하는 항산이 있어야 한다는 것이다.

맹자는 백성을 다스리는 요체가 민생과 도덕이라고 강조하고 있다. 백성들의 배를 채우고 그들의 마음을 바로잡아 도덕이 바로 서는 사회를 만드는 것이 정치라는 것이다. 백성들의 배를 채우는 것을 항산恒產이라 하고 백성들이 도덕을 실천하는 것을 항심恒心이라고 맹자는 정의하고 있다.

맹자는 민생과 도덕 중에 더 중요한 것은 바로 백성들의 배를 먼저 채우는 일이라고 강조한다. 윤리와 도덕은 사람들이 가져야 할 중요한 요소이지만, 민생의 안정 없이 도덕과 윤리만 강조한다면 백성들은 쉽게 따르지 않을 것이란 의미이다. 예나 지금이나 백성을 다스리는 일에 현실적으로 이보다 더 시급한 것이 있었던가.

그래서 맹자는 덧붙인다. "백성들에게 물질적 보상이 없다면 항심[도덕심]도 없다[則無恒產因無恒心]." 나아가 "물질적 보상 없이 그들에게 충성을 요구하고, 그 충성심을 보여주지 않는 사람을 처벌하는 지도자는 그물을 쳐서 백성들이 그 속에 들어가게 만드는 최악의 지도자다"라고 지적하고 있다.

그래서 "현명한 군주는 백성들의 항산을 잘 다스려 위로는 부모를 섬기고, 아래로는 처자를 양육하며, 풍년에는 배불리 먹고, 흉년에는 굶어 죽는 것을 면하게 한다"라고 정의한다. 백성들이 먹고 사는 것이야말로 왕도정치의 시작이며 민본정치의 요체라는 것이다. 이 문답은『맹자孟子』「양혜왕장구상梁惠王章句上」에 실려 있다.

배가 부르고 등이 따뜻해야 비로소 윤리와 도덕이 생긴다. 항산, 즉 민생이 먼저이고 항심, 즉 의무와 규칙은 그 다음이라는 뜻이다. 일정한 소득이 없어 먹을 것이 부족해지면 인심은 각박해지고 서로 원망하게 되어 인륜은 무너지기에 십상이다. 그래서 늘 가지고 있어야 할 인간으로서의 기본적인 도덕심, 즉 항심恒心을 유지하기가 어려울 수밖에 없다.

"항산 없이 항심을 기대하지 마라!"

맹자의 엄중한 경고이다.

얼마전 대선 후보들 사이에 기본소득을 둘러싼 논쟁이 뜨거웠다. 기본소득이란 정부가 재산과 노동의 여부와 관계없이 모든 개인에게 조건 없이 정기적으로 지급하는 소득을 의미한다. 그만큼 저잣거리에서는 먹고사는 문제가 현실적인 과제가 되었다는 것을 의미한다.

일하지 않고도 매달 정기적으로 일정한 소득을 보장해 주는 나라의 백성이라면 그보다 더 좋은 게 있을까? 이 제도를 도입하려면 보편적 기본소득을 실시할 수 있는 재원을 확보하는 것이 선결조건이다. 그런데 거기에 대한 주장은 설득력이 없는 수준이라는 것이 문제이다.

2017년 핀란드에서 한 차례 시도했지만 지난 5월에 발간된 최종보고서에는 고용 촉진 효과가 거의 없었다는 결론을 내렸다. 기본소득제도가 불평등 완화는 물론, 복지 사각지대 해결에도 실질적인 효과가 없었다는 것이다. 차라리 그 재원을 활용해 일자리를 창출하는 게 더 효과적이라는 주장이 설득력을 얻었다. 이처럼 백성들의 항산恒產을 늘려나가는 것이 얼마나 어려운 일인지 우리는 모두 경험을 통해 알고 있다.

조선 영조 때 선비 이덕무李德懋가 저술한 『사소절士小節』에는 가정에서도 항심이 없게 되면 일어날 수 있는 폐단을 다음과 같이 적시하고 있다.

"춥고 배고픔이 심해지면 자식들이 부모를 향해 '왜 나를 이렇게 굶기고 춥게 하는가?'하며 원망한다. 이것이 바로 맹자가 말한 항심이 없음을 이른다[飢寒之至, 子弟怨父兄曰 何使我飢寒 此孟子所謂無恒心者也]."

변이된 코로나가 다시 창궐하면서 민심은 갈수록 불안해진다. 나라 안팎으로 조여들고 갈라지는 모양새가 여간 심상치 않다. 장마철 후텁지근한 날씨에 짜증 섞인 시름도 깊어만 간다.

# 천하의 주인

## 천하는 만민의 공유물[天下爲公]

"큰 도道가 행해지는 세상은 천하를 모두 공유公有한다. 어질고 유능한 사람을 뽑아 관직을 맡겨 믿음을 준다. 사람들은 홀로 자기 어버이만을 모시지 않으며 홀로 자기 자식만을 사랑하지 않는다. 노인들은 편안히 여생을 보낼 곳이 있으며, 젊은이들에게는 일자리가 있고, 어린이에게는 잘 성장할 수 있는 가정이 있다.

과부와 홀아비, 부모 없는 고아, 자식 없는 외로운 이, 불치의 병에 걸린 이도 다 부양을 받을 수 있으며, 남자에게는 직장이 있고 여자에게는 돌아갈 가정이 있다. 재물이 땅에 버려져 있어도 함부로 취하지 않으며, 권력을 가지기를 원하지만 자기만을 위해 그 힘을 사용하지 않는다. 그런 까닭에 속임이 없고 도적이 생기지 않아 집집마다 대문을 잠그지 않는다. 이런 사회를 '대동大同'이라 한다."

공자가 제자 자유子遊에게 당시 사회의 어지러움을 탄식하며 자신이 추구하는 이상사회에 대하여 언급한 내용이다. 『예기禮記』「예운禮運」편에 실려 있다.

공자가 원했던 '대동'은 만인의 신분적 평등과 부富의 공평한 분배, 인륜의 구현을 특징으로 하는 유교의 이상사회, 즉 인간이 천지天地는 물론 모든 사람과 하나가 되는 것을 지향하는 사회를 말한다. 이는 곧 '천하위공天下爲公'이라 하여 천하는 모든 백성의 공유물이라는 뜻이다.

오늘날 중국의 국부國父로 추앙받는 쑨원孫文이 가는 곳마다 부르짖은 것도 바로 '천하위공天下爲公'이었다. 그가 그렇게 끊임없이 절규하다시피 한 이유는 무엇일까.

19세기 말, 청나라 지배계층은 부패하고 무능했다. 아편전쟁에서 영국에 패하며 나라가 망해가는 데도 여전히 아편은 저잣거리 깊숙하게 퍼져 있었다. 게다가 청일전쟁까지 지면서 타이완臺灣과 펑후澎湖제도를 일본에 빼앗겼다. 마침내 그동안 멀쩡한 듯했던 중국의 이면에 숨어있던 종이호랑이의 참모습이 만천하에 드러났다. 백성은 무기력함에 빠져 있었다. 엄청난 위기감이 중국 전역을 휩쓸었다.

쑨원은 이런 위기의 원인을 중국 사회가 안고 있는 '공公' 의식의 결여라고 진단했다. 그래서 이런 난국을 타개하기 위해서는 백성을 깨우치게 하는 것이며, 그 중심 되는 구호가 바로 '천하는 만민의 공유물[天下爲公]'이었다.

우리라고 다른가? 조선왕조 5백 년 내내 양반 지도층은 입만 열면 '선공후사先公後私', '멸사봉공滅私奉公'을 내세워 백성에게 희생을 요구했다. 그러면서 저들은 권력을 사유화하며 백성 위에 군림했다.

백성에게 나라는 도대체 어떤 존재였던가. 임금은 왜 있으며, 관료들은 왜 있는가. 나라를 다스리는 지도자들에게 '공公' 의식이 없는데 하물며 다스림을 받는 백성이 어떻게 '공公' 의식을 가질 수 있겠는가.

오늘날이라고 해서 달라진 것도 없다. 끊임없이 여론의 질타를 받으면서도 정치인들은 선거 때만 되면 사당私黨을 만들고 국가 대사를 공약이라 하여 당리당략에 따라 결정하곤 한다. 굵직한 현안에 대한 정부의 발표가 나올 때마다 온 나라가 벌집을 쑤셔놓은 듯 시끄러운 것도 바로 이런 현상의 연장이다. 몇몇 지자체가 서로 사활을 걸고 유치 활동을 벌이던 영남권 신공항과 국제과학비즈니스벨트, LH공사 개혁안 그리고 국방개혁안 등이 대표적이었다. 가장 중요한 '공公' 의식이 없기 때문이다.

정부 발표에서 탈락한 지자체와 관련 시민단체, 이런저런 연고를 가진 정치권 인사들의 행태 역시 늘 정해져 있다. 지난 수십 년 동안 국회의원들은 물론, 대통령 후보와 장관까지 했던 이들이 시위를 주도하고 도지사가 삭발에다 단식농성을 하는가 하면, 아예 국회의원회관 로비에서 담요를 깔고 먹고 자며 '영웅 놀이'에 몰두해왔다.

사실 이런 방식이 얼마나 유치하고 낯 간지러운 일인지 이들도 이미 다 알고 있다. 그런데도 들끓는 지역 민심에 올라타 선동하려고 마지막까지 안간힘을 쓴다. 당장은 정치적 손익계산이 우선이기 때문이다. 그래도 좀 머쓱했던지 변명이랍시고 속내를 털어놓는다. "이렇게라도 하지 않으면 지역정서를 달랠 수 없으니 이해해 달라"라고. 이렇듯 모두가 '떼법法 만능주의'에 빠져 있다. 대체 이 나라는 지금 어디로 가고 있는 걸까?

한숨 돌리고 나니 지방선거가 코앞에 다가왔다. 이번에도 온 나라가 후보자들의 '아무 말 대잔치'로 시끄럽다. 표를 달라고 읍소하는 모습을 보면서 생각에 잠긴다. 보나 마나 선거가 끝나기 무섭게 태도가 돌변할 게 뻔할 거라고 생각하니 꼴 보기가 싫어진다. 저들에게 과연 천하는 무엇이며, 그 주인은 누구라고 생각하고 있을까?

답답한 마음에 창문을 열어젖힌다. 춘래불사춘春來不似春이라 했던가. 산천은 날로 푸르게 바뀌는 봄날이지만 도무지 봄 같지 않은 계절이다.

## 더 높은 세상을 꿈꾸는 그대에게

### 높이 오르려면 낮은 곳에서부터 출발해야 한다.

중국 남부 운남성雲南省과 귀주성貴州省 일대에 전국시대부터 약 250여 년간 존속했던 '야랑夜郎'이라는 비교적 큰 부족국가가 있었다. 당시 야랑국의 왕 다동多同은 자신이 다스리는 나라가 세상에서 가장 크다고 생각하고 있었다.

어느 날 다동은 지역을 순시하다가 부하에게 물었다.

"이 세상에서 어느 나라가 제일 큰가?"

"야랑이 제일 크옵니다."

다동이 앞에 있는 높은 산을 가리키며 물었다.

"천하에 이보다 더 높은 산이 있느냐?"

"이보다 더 높은 산은 없사옵니다."

강가에 이른 다동이 또 물었다.

"이 강이 세상에서 가장 긴 강이겠지?"

"물론이지요."

다동은 자신이 세상에서 가장 위대한 왕이라고 생각하게 되었다.

한무제漢武帝의 사자使者가 인도로 가던 길에 야랑국을 통과하게 되었다. 사자를 만난 다동이 으스대며 물었다.

"한漢과 우리 야랑 가운데 어느 나라가 더 큰가?"

사자는 웃으며 대답했다.

"한나라는 수십 개 군郡을 가지고 있는데 야랑은 그 가운데 한 군만도 못합니다."

놀란 다동은 벌린 입을 다물지 못했다.

이 이야기는 『사기史記』 「서남이열전西南夷列傳」에 실린 글로, 오늘날에는 세상 물정을 모르고 혼자 우쭐대는 어리석은 사람을 비꼬는 '야랑자대夜郎自大'라는 고사성어로 전해지고 있다.

대통령 후보 선출을 위한 각 정당의 행보는 항상 전국을 순회하면서 이벤트 형식으로 치러진다. 후보자마다 자신의 공약을 열심히 설명하면서 낯간지러운 자화자찬은 막판으로 갈수록 가히 점입가경이다. 지켜보노라면 모두 저마다 잘난 사람들뿐이다. 적힌 대로, 말하는 대로 보면 어디 흠잡을 곳이 하나도 없어 보인다. 그런데도 뭔가 부족하고 아쉬운 생각이 드는 것은 무슨 까닭일까?

실현 가능성이 떨어지는 짜깁기 공약에다 겸손함이 묻어나지 않는 오만함으로 가득한 자기 자랑 투성이 때문이리라.

『중용中庸』 제15장에 보면 다음과 같은 글이 있다.

"군자의 도道는 비유컨대 먼 곳을 감에는 반드시 가까운 곳에서 출발하는 것과 같고, 높은 곳에 오름에는 반드시 낮은 곳에서 출발하는 것과 같다[君子之道 辟如行遠必自邇 辟如登高必自卑]."

즉, 높은 곳에 오르려면 낮은 곳에서부터 출발해야 한다는 뜻으로 모든 일은 순서에 맞게 기본이 되는 것부터 이루어 나가야 한다는 의미이다. 천 리 길도 한 걸음부터라는 우리 속담과 같은 맥락이라 하겠다. 오늘날 고사성어로 많은 사람에게 회자되는 '등고자비登高自卑'라는 말은 바로 이 구절에서 비롯되었다.

일찍이 맹자孟子도 "흐르는 물은 낮은 웅덩이를 먼저 채워 놓지 않고, 앞으로 흘러가지 않는다"라고 하면서, "군자도 이처럼 도道에 그 뜻을 둔다면 아래에서부터 수양을 쌓지 않고서는 높은 경지에 도달할 수 없다[流水之爲物也 不盈科不行 君子之志於道也 不成章不達]"라고 했다. 모름지기 큰 인물이 되기 위해서는 낮은 데서부터 수양을 쌓아야 한다는 점을 강조한 것이다.

"1층, 2층은 필요 없으니 아름다운 3층만 지으라."

불경佛經에 나오는 이야기로 이웃집 건물 3층에 만든 아름다운 정자를 탐내던 사람이 목수를 불러서 했다는 말이다. 노력해 가며 좋은 업業은 쌓으려 하지 않고 기초 없이 허황된 결과만 바라는 어리석음을 꼬집는 이야기다.

성경에도 "누구든지 자기를 높이는 자는 낮아지고 누구든지 자기를 낮추는 자는 높아지리라[마태복음 23:12]"라고 가르치고 있다. 설령 학문이나 진리의 높은 경지에 이르렀다 한들, 처음부터 스스로 몸을 낮추어 아래에서부터 시작하지 않고서는 그 경지의 진정한 의미를 알 수 없다는 뜻이기도 하다.

맡겨만 준다면 못해낼 것이 하나도 없다고 목소리를 높이는 잘난 이들이 많은 세상이다. 저런 인재(?)들이 그동안 어디에 꼭꼭 숨어 있다가 선거 때만 되면 우후죽순처럼 나타났다가 선거가 끝나면 바람처럼 사라지는 걸까? 저런 인재들을 가지고도 우리 사회는 왜 쓸 만한 사람이 없다고 늘 아쉬워할까?

더 높은 세상을 꿈꾸는 그대들이여.

권하노니, 성실하게 노력은 하지 않고 처음부터 무턱대고 높은 데만 오르려고 하지 말고, 혹시라도 우물 안에 갇혀 세상을 보고 있는 건 아닌지 한 번쯤 자신을 냉철하게 돌아보라. 자신이 세상에서 가장 위대한 왕이라고 착각하고 있었던 야랑국왕 다동의 어리석음을 생각하면서 말이다.

## 청년들이여! 이제 시작일 뿐이다

### 관 뚜껑을 덮기 전에는 아무것도 정해지지 않는다.

춘추전국시대 하북성河北省 지역에 중산국中山國이라는 작은 나라가 있었다. 왕은 평소 재야에 있는 인재를 두루 뽑아 등용하여 나라를 부강하게 만들어야겠다고 생각하고 있었다. 그래서 좋은 날을 잡아 각처의 재사才士들을 초청하여 잔치를 열었다.

그런데 예상보다 많은 사람이 몰려드는 바람에 준비한 음식에 차질이 생겨 양고기 국물이 약간 부족하게 되었다. 공교롭게도 초청을 받은 선비 가운데 사마자기司馬子期에만 양고기 국물이 올라오지 않았다. 사마자기는 자신을 제대로 대접하지 않은 왕의 처사에 매우 화가 났다. 분을 참지 못한 그는 이웃 강대국인 초楚나라로 망명했다.

그는 초나라 왕을 꼬드겨 군대를 일으켜 중산국을 공격했다. 중산국 도성은 함락되고 왕은 사마자기가 이끄는 군대의 추격으로 위기에 빠졌다. 왕이 위기에 처하자 많은 병사가 도망을 가는데도 유독 두 젊은이가 창을 들고 끝까지 죽을힘을 다해 왕을 구해 주었다. 두 사람의 용맹스러움에 감동한 왕이 물었다.

"그대들은 왜 이토록 나를 따르는가?"

그러자 두 사내가 대답했다.

"지난날 한 사람이 굶주려 길에서 쓰러졌을 때, 왕께서 우연히 지나가다가 그를 보시고 찬밥 한 덩어리를 주신 것을 기억하시는지요?"

왕은 아무리 생각해도 기억이 나지 않았다.

"그 사람은 왕께서 주신 찬밥 한 덩어리로 목숨을 부지할 수 있었습니다. 그가 바로 저희 형제의 부친입니다. 부친께서 돌아가실 때, 훗날 만약 왕께 무슨 일이 생기면 죽음으로 반드시 보답하라는 유언을 남기셨습니다."

사연을 들은 왕은 하늘을 우러러보며 탄식했다.

"베풂의 크기는 액수의 많고 적음이 아니라 받는 이의 어려운 정도에 달렸고, 원한의 크기는 깊고 얕음이 아니라 사람의 마음을 얼마나 다치게 했느냐에 있었구나[與不期衆少 其於當厄 怨不期深淺 其於傷心]. 내가 양고기 국물 한 사발에 나라를 잃었고, 찬밥 한 덩어리로 두 용사를 얻었도다[吾以一杯羊羹亡國, 以一壺飡得士二人]."

『전국책戰國策』에 실려 있는 고사다.

진정한 인간관계는 내가 어려움에 부닥쳤을 때 알아볼 수 있다고 했다. 가진 것이 많을 때는 좋은 관계가 유지될 수 있지만, 난처한 처지에 놓였을 때 도와주는 사람은 많지 않다. 실제로 동서고금을 통해 보면 작은 관심과 도움으로 운명이 뒤바뀌는 경우가 많았다. 위의 고사처럼 양고기 국물 한 그릇 때문에 나라를 잃기도 했고, 찬밥 한 덩어리 때문에 목숨을 구한 예가 바로 그것이다.

정치판이 새로 짜여가는 구도 속에서 여야 모두 젊은 정치인의 행보를 놓고 이해득실을 따지기에 한창이다. 혹자는 기득권 세력들에게 이용당한 젊은 세대들이라 하여 희생양으로 보는가 하면, 한편에서는 그들의 서툰 행보로 인한 자업자득이라 진단하여 좀 더 시간을 갖고 인내하며 배우라는 충고를 내놓기도 한다.

정치권에서 살아남으려면 누구나 원만한 인간관계를 맺는 것이 중요하다고 한다. 그러나 기성세대의 잘못을 지적하고 개혁의 기치를 높이 세우는 순간이 되면, 아무리 공을 들인 인간관계라 하더라도 이해관계가 얽힌 상황을 헤쳐나가기란 여간 어려운 일이 아니다. 지지층이 제대로 조직화 되어 있지 않은 젊은이들이 꺾이고 절망하기 쉬운 이유다.

어느 날 두보杜甫에게 친구 아들 간소혜簡蘇傒의 소식이 전해졌다. 제법 총명한 그가 깊은 산속 골짜기에 처박혀 자신의 처지를 비관하며 세상을 원망하고 있다는 것이었다.

두보는 즉시 시詩 한 수를 써서 보냈다. 오늘날 많은 사람에게 회자되는 「그대는 간소혜를 보지 못했는가[君不見簡蘇徯]」라는 시다.

"사나이 죽어 관 뚜껑을 덮고 나서 성패를 말할 수 있나니, 그대 다행히 아직 늙지 않았거늘, 어찌 산속에서 불우함을 탓하는고[丈夫蓋棺事始定 君今幸未成老翁 何恨憔悴在山中]!"

두보는 말한다.

"무서운 도깨비가 나올 것 같은 이 두메산골에서 청승 떨지 말고, 어서 빨리 세상으로 나가라. 너는 아직 늙지도 않았을 뿐더러 살아 있지 않으냐."

용기를 잃지 말고 노력하라는 충고였다. 여기서 유래된 '개관사시정蓋棺事始定'이라는 성어는 "관의 뚜껑을 덮기 전에는 아무것도 정해지지 않는다"라는 뜻이다.

혹독한 정치판에서 힘겨운 승부를 펼치는 젊은 정치인들이 보여주는 '청년 정치'의 싹을 잘라서는 안 된다. 한 번 넘어졌다고 절망해서도 안 된다. 부디 이들이 승부처에서 초심을 지키고 버티면서 살아남아 정치판에 새바람을 불러일으킬 수 있기를 바란다.

청년들이여. 양고기 국물 한 그릇 때문에 나라를 잃었고, 찬밥 한 덩어리로 목숨을 부지할 수 있었던 중산국 왕의 고사를 통해, 베풂과 원한의 크기는 많고 적음이나 깊고 얕음이 아님을 기억하라.

젊은이가 되어 자신의 불운을 탓하지 말고, 털고 일어나 세상으로 당당하게 나가라는 두보의 충고를 떠올려라. 더 큰 정치인이 되기 위해서는 새겨볼 만한 고사가 아닐 수 없다.

그리고 잊지 말라.

"뿌린 대로 거두리라."

이는 만고불변의 진리인 금언金言임을.

# 이 시대의 소조蕭曹를 그리워하며

**모든 것이 '소통의 부재'에서 비롯되었다.**

진秦나라 말, 소하蕭何는 한漢 고조 유방劉邦을 도와 의거를 일으켰다. 그는 유방이 진을 무너뜨리고 항우項羽의 초楚와 천하를 다투었던 5년 동안의 전쟁에서 유방이 승리하는 데 결정적인 공헌을 했다. 후세 사람들은 그를 두고 한신韓信, 장량張良과 더불어 한초삼걸漢初三杰이라 부른다.

유방이 진나라의 수도 함양을 함락시켰을 때 점령군의 장졸將卒 대부분은 재물을 약탈하고 부녀자를 납치하는데 정신이 없었지만, 소하는 먼저 상부相府로 달려가 지도와 법령 등 중요한 문건들을 먼저 수습했다. 그리고 훗날 재상宰相이 되자 그때 확보한 진나라의 문헌과 자료들을 토대로 전국의 지리와 풍토, 민심 등을 파악하여 한나라의 법령과 제도를 제정하였다. 그의 관심은 오랜 전쟁으로 피폐한 민심을 어떻게 어루만져 주어야 하는가에 집중되어 있었다.

소하가 죽자 그의 천거로 조참曹參이 승상에 올랐다. 그는 소하의 충실한 계승자였다. 소하가 만들어 놓은 틀을 조금도 바꾸지 않고 그대로 답습하면서 오랜 전쟁으로 상처받은 민심을 치유하는 데 공을 들였다. 한나라는 백성들의 전폭적인 지지를 받아 급속도로 안정되었고, 마침내 '문경지치文景之治'에 이어 무제武帝라는 걸출한 제왕을 탄생시킨다. 후세 사람들은 두 사람을 '소조蕭曹'라고 부르며 칭송했다.

이 고사는 오늘날에 이르기까지 '소규조수蕭規曹隨'라는 고사성어로 회자되면서 정치를 하는 사람들에게 많은 교훈을 주고 있다. 전한前漢 말기 학자 양웅楊雄이 지은 『법어法語』「연건淵騫」 편에 보인다.

코로나 바이러스와 '기승전-검수완박'으로 점철된 문재인 정부 5년이 끝나가고 있다. 매번 정권이 바뀌면 제일 먼저 하는 일이 전 정권의 허물을 캐서 폭로하는 일이다.

문재인 정부도 예외가 아니었다. 지난 5년 동안 국회를 장악한 그들은 전 정권에서 만들어 놓은 법과 제도 대부분을 저들의 입맛에 맞게 뜯어고치고 부쉈다. 국회 의사당은 다수의 힘으로 밀어붙이는 망치 소리로 조용한 날이 없었다. 결국 정치는 실종되고 민생은 철저하게 외면당하면서 그들이 호언장담했던 공정하고 정의로운 사회는 공염불이 되고 말았다.

문제는 이런 형태가 정권이 바뀔 때마다 반복되다 보니 정치인들이 못된 요령을 터득했다는 점이다. 바로 다음 정권에서 자기들이 만들어 놓은 것을 아예 못 바꾸도록 대못질하는 방법이다. 임기 말에 요직의 기관장을 새로 임명하는 것도 모자라 정권이 바뀌어도 법을 바꾸지 못하도록 원천적으로 차단하는 것이다. 바로 요즘 시끄러운 '검수완박' 논쟁이다.

'검수완박'을 고집하는 이유를 묻는 기자의 질문에 여당 원내대표를 비롯한 상당수 정치인은 공개적으로 '문재인 대통령과 이재명을 지키기 위함'이라는 황당한 답변을 내놓았다. 두 사람이 대체 무슨 죄를 지었길래 목숨을 걸고라도(?) 지켜야 하는 걸까? 죄를 지었으면 책임을 지면 될 일이고, 죄가 없으면 조사를 받아도 떳떳할 것인데 말이다. 아마도 우리가 모르는 무슨 큰 흑막이 있긴 있는 모양이다. 그게 아니라면 대체 저들이 하는 짓을 어떻게 이해할 수 있는가?

세월호 참사 8주년이 지났다. 해마다 벚꽃이 흐드러지게 피는 이 계절은 국민의 가슴에 지울 수 없는 상처를 남겼다. 이 사건은 제도 미비와 부실했던 초동 대처 그리고 안전 불감증 등이 남긴 우리 사회의 구조적 문제를 총체적으로 드러낸 사건이었다.

문재인 정부는 출범 초기부터 이런 구조적인 문제점을 적나라하게 파헤쳐 그 진상을 밝히고 안전한 사회를 만들겠다고 약속했다. 그러나 5년이 지난 지금 우리 사회는 어떤 모습인가? 그런 부실이 개선되지 않았고 비슷한 사고는 계속 일어나고 있다. 팽목항을 찾는 유가족들의 마르지 않는 눈물은 여전히 우리의 가슴을 아프게 짓누르고 있다. 그토록 서슬이 퍼렇게 장담하던 진상규명 약속은 어디로 갔나?

사라진 기업들과 일자리, 천장을 모르고 오르는 물가 등, 먹고 사는 문제는 말도 꺼내기가 쑥스러울 정도이다. 시대는 21세기인데 국민의 목소리에 귀를 기울이지 않는 7, 80년대의 리더십으로 나라를 이끌어가려고 했으니 참으로 가소롭기 짝이 없는 일이다. 저잣거리에서는 도무지 반성이라고는 모르는 이 정부를 두고 '내로남불'이니 '먹통'이라고 조롱한다.

이 모든 것이 바로 '소통의 부재'에서 비롯된 현상이다. 정부를 믿었던 서민들은 요즈음 억장이 무너지고 있다. 오늘날 사람들이 소하와 조참 같은 훌륭한 재상을 더더욱 그리워하는 이유가 여기에 있다.

칠흑같이 어두웠던 밤을 걷어내고 아침에 어김없이 떠오르는 태양을 보며 우리는 내일이 있음을 안다. 혹시나 하고 뭔가 달라질 것이라는 기대를 버리지 못하는 이유다.

여명 사이로 새 정부가 모습을 드러내고 있다. 이번에는 뭔가 달라지겠지. 사람들의 바람은 언제나 같다. 앞으로 어떻게 해나가는지 어디 한 번 지켜볼 일이다.

## 뜻이 있는 사람[有心人]

### 성공은 누가 그저 가져다 바치는 게 아니다.

해가 바뀌고 설까지 지났는데도 만나는 사람마다 인사말은 여전하다. "건강하시고 복 많이 받으세요"라는 말이다. 오랜만에 만난 지인과 차를 한 잔 나누는 자리에서도 빠지지 않는 덕담이다.

예로부터 건강은 제일이니 스스로 챙겨야 하고, 복은 베푸는 사람에게 저절로 따라온다고 했다. 가만히 기다려서는 저절로 이루어지는 게 아닌 셈이니, 결국은 꾸준히 노력하라는 말이다. 고개를 돌려 벽을 바라보니 '유지경성有志竟成'이라고 쓴 커다란 액자가 눈에 들어온다.

『후한서後漢書』「경엄전耿弇傳」에 보면, 광무제光武帝와 장수 경엄의 대화에서 유래된 '유지자사경성有志者事竟成'의 고사가 실려 있다. 줄여서 '유지경성有志竟成'이라고도 쓰는데 '뜻이 있어 마침내 이루다'라는 뜻으로, 이루고자 하는 뜻이 있는 사람은 반드시 성공한다는 것을 일러주는 말이다.

경엄은 원래 문약한 선비였다. 당시 한漢나라는 권력 암투가 일어나 외척인 왕망王莽이 온갖 권모술수를 동원하며 나라를 찬탈하여 '신新' 왕조를 세웠다. 그러나 나라를 되찾으려는 사람들이 곳곳에서 봉기를 일으켰기 때문에 세상은 여전히 혼란스러웠다.

집에서 글공부만 하고 있던 경엄은 어느 날 저잣거리에서 건장한 장정들이 말을 타고 칼을 쓰며 무용을 자랑하는 광경을 보게 되었다. 경엄은 그 광경을 보면서 문득 이런 혼란스러운 현실에서 자신이 해야 할 일이 무엇인지 깨달았다. 그는 글공부를 잠시 접고 자신도 장차 대장군이 되어 나라를 되찾는 데 공을 세우겠노라고 마음먹었다. 그리고 얼마 지나지 않아 유수劉秀, 훗날의 광무제가 병사를 모집한다는 소식을 듣고 달려가 그의 수하가 되었다.

경엄은 수많은 전투에 참여하여 혁혁한 공을 세웠다. 특히, 광무제의 명을 받고 막강한 장보張步의 군대를 맞아 전력의 열세를 극복하고 장보의 군대를 격파하여 전세를 역전시키는 데 성공함으로써 큰 공을 세웠다. 광무제는 경엄이 전투에서 크게 다치고도 포기하기는커녕 군사들을 독려하여 적군을 물리친 것을 보고 매우 감동하였다. 전공을 포상하는 자리에서 광무제는 다음과 같이 칭찬하였다.

"장군이 전에 남양에서 나에게 천하를 얻을 큰 계책을 건의할 때는 너무 아득하여 실현될 수 없을 것이라고 여겼었는데, 지금 와서 보니 뜻이 있는 자는 결국 성공하는구려[將軍前在南陽, 建此大策, 常以爲落落難合, 有志者事竟成也]."

여기에서 비롯된 이 성어는 큰 뜻을 가지고 그것을 이루기 위하여 꾸준히 노력하면 반드시 성취할 수 있음을 의미한다.

오늘날 많은 사람이 자신의 굳건한 의지를 다잡는 의미로 쓰고 있다. 서예를 배우는 사람이라면 누구나 한 번쯤은 써 봤을 것이고, 지인에게 덕담으로 남기는 글에도 빠지지 않는 명구名句로 회자되고 있다.

중국 속담에도 "노력은 뜻이 있는 사람을 저버리지 않는다[功夫不☒有心人]"라 했고, "의지가 굳세면 세상에는 못 해낼 일이 없다[世上无☒事，只怕有心人]"라고 했다. 살면서 정말 두려워해야 하는 사람은 '굳건한 뜻을 가진 사람有心人'이라는 가르침이다.

세상을 살다 보면 세상이 온통 부패하고 공정하지 않다는 사실을 깨닫게 된다. 세상이 왜 이렇게 되었는가 하고 한탄하는 것도 부질없는 일이라는 것도 깨닫게 된다. 저잣거리라는 게 원래 권모와 술수가 만연하고 그런 것이 당연하게 오가는 곳이기 때문이다.

그런 세상에서 살아남아 제 뜻을 펼치려면 여간 모질게 마음먹지 않고는 힘들다. 성공이라는 것이 누가 그저 가져다 바치는 게 아니기 때문이다. "어렵고 힘든 일이 지나면 즐겁고 좋은 일이 온다[苦盡甘來]"라는 가르침은 그래서 더욱 귀하게 다가온다. 힘든 일을 참고 이겨내 성공을 해본 자만이 진정으로 그 쾌감을 알 수 있다.

임인년 호랑이해가 밝은지도 벌써 한 달여가 지나갔다. 동해를 박차고 솟아오른 뜨거운 태양은 아직도 우리 가슴 속에 이글거리며 타고 있다. 새해는 뭔가 좋은 소식으로 시작하겠지 하는 바람이었는데, 들려오는 소식은 여전히 우울하기만 하다.

그래도 믿는 구석은 항상 있다. 매서운 설 추위가 물러가면 바로 봄소식이 따라올 것이라는 거다. 단단하게 다졌던 각오가 흐트러지기 전에 마음을 다잡아야겠다.

설날 기운이 사라지기 전에 '유지경성有志竟成'이라는 가르침으로 잠시 느슨해진 마음을 다시 다잡아보자. 올해는 뭔가 꼭 해봐야 하지 않겠는가. 얼어붙은 대지를 뚫고 봄은 이미 앞산을 넘어와 들판을 가로지르고 있다.

# 한 번쯤은 독하게

## 중요한 것은 그것을 실천하겠다는 굳은 의지와 끈기

해가 바뀌거나 새로운 일을 시작할 때 사람들은 저마다 원하는 것을 이루기 위해 결심을 한다. 그러나 어느 정도 시간이 흐르면 단단했던 결심은 점점 무뎌지고 적당한 핑계와 타협으로 흐지부지하게 되는 것이 다반사다. 그래서인지 매년 1월에는 담배와 술 소비량이 급감하다가도 3, 4월이 되면 다시 예년의 수준으로 원상회복되는 현상이 반복된다고 한다.

이 때문에 우리는 담배를 끊은 사람이나 뚱뚱했던 뱃살을 심하게 뺀 사람들을 두고 '독한 사람'이라고 부르며 내심 부러워하는 것이다.

조선 중종 때 좌찬성을 지낸 양연梁淵, ?~1542의 일화는 우리를 스스로 돌아보게 만든다. 대학자 양성지梁誠之의 손자였던 그는 어릴 때부터 빼어난 재주가 있어 주변에서 칭송이 자자했던 인물이었다. 그러나 자신의 재주만 믿고 공부를 게을리 하면서 젊은 날을 헛되이 보내버리고 말았다.

불혹의 나이에 들어선 어느 날 양연은 주변을 돌아보았다. 자신보다 주목을 받지 못하고 평범했던 남들은 열심히 노력하여 젊은 나이에 과거에 올라 어느덧 이미 모두 높은 관직에 올라 있었다. 뒤늦게 깨우친 그는 이를 부끄럽게 여겨 공부를 시작하기로 작심한다. 나이 마흔이 되어서야 비로소 제대로 글을 배우기 시작한 것이다.

그는 가족을 모아놓고 말했다.

"오늘부터 열심히 공부하기로 했다. 지금부터 왼손을 꼭 쥐되, 만약 문장을 이루지 못하면 손을 펴지 않기로 맹세하노라[發奮決心 握左手 不爲文章 誓不開手]."

그는 가족들 앞에서 비장한 결심을 말하고 왼손을 꼭 쥔 채 붕대로 칭칭 감도록 했다. 그리고는 북한산 기슭의 중흥사中興寺라는 절에 들어가 두문불출하고 열심히 공부하기 시작했다. 어려서부터 워낙 총명했던 그는 과연 얼마 지나지 않아 뜻한 대로 과거에 급제하였다.

그가 급제했다는 소식을 듣고 사람들이 몰려들었다. 그는 모여든 사람들 앞에서 비로소 붕대를 풀고 왼손을 폈다. 그런데 이 무슨 변고인가? 왼손을 꼭 쥐고 있던 날이 얼마나 지났는지 그동안 자라난 손톱이 손바닥을 뚫고 손등까지 나와 있었다. 지켜보던 사람들이 모두 놀라 벌어진 입을 다물지 못했다. 양연은 늦게 관직에 올랐지만, 남들보다 더욱 분발하여 벼슬이 대사헌에 이르렀고, 훗날 마침내 좌찬성에 올랐다.

'조갑천장爪甲穿掌'이라는 성어는 바로 여기에서 유래되었다. '손톱이 자라 손바닥을 뚫었다'라는 뜻으로 비장하고 굳은 결심을 표현할 때 쓰는 말로 '작심삼일作心三日'과는 반대의 의미이다.

따지고 보면, 결심을 하는 것도 중요하지만 그보다 더 중요한 것은 그것을 실천하겠다는 굳은 의지와 끈기가 성패의 열쇠가 된다. '수적천석水滴穿石'이라 했다. 떨어지는 물방울이 돌을 뚫는다는 말이다. 뜻을 이루기 위해서는 비장한 결심과 더불어 그것을 이루고야 말겠다는 의지, 즉 끈기가 필요하다. 가끔 무엇인가를 시작하면서 '이미 늦었다'라는 말을 하는 사람들이 있다. 그러나 도대체 살아가는 동안에 '늦었다'라고 하는 기준이 무엇이며 어디에 있겠는가.

파스퇴르유업을 창업하고 국제적인 학교로 주목받는 민사고의 창설자인 최명재 회장도 환갑을 훨씬 넘긴 나이에 자신이 젊은 시절부터 꿈꾸어오던 일을 시작했다. 그리고 끈기와 노력으로 멋지게 성공하면서 많은 사람에게 '인생에서 늦었다는 것은 없다'라는 훌륭한 교훈을 남겼다.

인생이란 다양한 속도를 가진 변주곡이라고들 한다. 쉬엄쉬엄 걸어갈 때도 있고 때로는 뛰어가기도 한다. 방향감각을 잃고 이리저리 헤매거나 어찌할 바를 몰라 한참을 서 있기도 하고 또 어떤 순간에는 앞만 바라보고 전력으로 질주를 해야 할 때도 있다.

이런 과정을 통해 우리가 걸어온 삶의 여정은 오르막과 내리막 그리고 평지가 반복되는 지도를 만들게 된다. 당연히 앞으로 살아가야 할 남아 있는 긴 여정도 또한 지나온 과정의 반복일 뿐이다.

독하게 한 번 살아본 적이 있는가? 마음먹은 것을 이루기 위해 정말 독하게 노력해 본 적이 있는가? 비록 손바닥에 구멍이 날 정도는 아니더라도 살아가면서 한 번쯤은 독하게 살아가야 할 필요는 있지 않을까?

# 6월의 산하山河

**포화가 멎은 지 70여 년, 아직도 이 땅에 전쟁은 끝나지 않았다.**

"행주치마 씻은 손에 받은 님 소식은 능선의 향기 품고 그대의 향기 품어…(중략)… 전해주는 배달부가 싸리문도 못 가서 북받치는 기쁨에 나는 울었소."

6·25전쟁 후에 한때 크게 유행했던 "향기 품은 군사우편[노래 유춘산, 1954년 발표]"이라는 노래 가사다. 사립문을 들어서는 집배원을 보고 반가워하는 가족들, 임 소식을 확인한 기쁨과 그리움에 눈물 흘리고, 멀어져가는 집배원의 뒷모습을 바라보며 서 있는 가슴 뭉클한 장면이 그려진다. 서정적인 가사와 서글픈 곡조가 전쟁을 겪은 국민의 가슴을 적시면서 공전의 히트를 기록한 국민가요로써

전란으로 인한 가족의 이별과 상봉, 아픔과 감격의 모습을 생생하게 보여주는 노래다.

6·25전쟁 국군 전사자 한 분의 신원이 확인되어 전사한 지 71년 만에 그리던 가족의 품으로 돌아간다. 지난 2008년 강원도 인제군 서화면 서화리에서 발굴된 유해가 14년 만에 유전자분석을 통해 고故 김학수 이병으로 확인되었다.

충북 진천군에서 6남 3녀 중 막내로 태어난 고인은 국군 5사단 소속으로 1951년 6월 '서화리 전투'에서 전사한 것으로 알려졌다. 팔순을 바라보는 고인의 외동딸 김정순 씨는 "어머니가 어린 나를 재울 때 아버지를 눈물로 그리워하며 부르시던 '비 내리는 고모령'의 노랫가락이 아버지와 어머니, 나를 교감시키는 매개체였다."라고 회상하며 눈물을 훔쳤다.

지금도 휴전선 일대에서는 6·25전쟁 국군 전사자 유해 발굴 작업이 계속되고 있다. 지난 2010년부터 진행되고 있는 강원도 철원군 광덕산 상해봉 일대의 유해 발굴조사에서도 지금까지 250여 구의 유해가 수습됐다. 유해 발굴은 앞으로도 계속될 것이고 그 과정에서 수습되는 많은 무명용사는 그리던 가족의 품으로 돌아가게 될 것이다.

최근 대한민국 대통령의 행보가 국민의 눈길을 끈다. 실로 오랜만에 보는 감동적인 장면들이라서 생경하기까지 하다. 윤석열 대통령은 6월에 들어 천안함 사건 등 호국영웅과 유족, 그리고 6·25

전쟁 전사자 유해를 찾은 보훈 가족과 국가 유공자들을 모시고 각각 오찬을 가졌다. 지난 24일에는 9개국 출신 유엔군 참전용사 12명과 외국에 거주하는 교포 참전용사 13명 등 참전용사와 후손 200여 명, 유엔 참전국 외교사절, 한미 군 주요 지휘관이 참석한 가운데 오찬을 나누며 최고의 예우로 감사를 표했다. 이 행사에는 고故 김학수 이병의 딸 김정순 씨와 50여 년 만에 북한을 탈출해 돌아온 국군 참전용사 유재복, 김종수, 이대봉 씨도 포함됐다.

윤 대통령은 "오늘 우리가 누리는 대한민국의 자유와 평화, 번영은 국군과 유엔군 참전용사의 피와 땀, 희생과 헌신 위에 이룩된 것"이라며, "그러나 전장에서 산화한 참전용사가 아직도 가족 품에 안기지 못한 채 이름 모를 산하에 잠들어 있다. 지금도 북한에 억류된 채 고통 속에 사는 국군포로도 계신다"라고 말했다. 그러면서 "정부는 앞으로 6·25전쟁 전사자들의 유해 발굴을 위한 노력을 멈추지 않을 것"이라며 "마지막 한 분이 가족의 품에 안기는 그날까지 최선을 다하겠다"라고 다짐했다.

윤 대통령이 직접 경건한 자세로 이들을 정중하게 최고의 예우로 대하는 등, 이전과는 달라진 정부의 인식과 태도가 국민적 공감을 불러일으키며 감동으로 와닿는다.

'슬리퍼 에이전트Sleeper Agent'라는 말이 있다. 공산주의에 대한 환상이 꿈을 꾸듯 무의식 속에 남아있는 사람들을 가리킨다. 북에는 직접 가보지는 않았지만, 자생적으로 만들어진 집단에 의해 종북세력의 핵심으로 길러진 사람들이다. 그들은 "탈북자들은 변절자××"라면서 막말을 예사로 했고, 생방송 인터뷰를 진행하다가 북한과 관련된 질문을 하자 화를 내며 일방적으로 전화를 끊는 어처구니없는 일을 저지르기도 했다. 또, "일부 탈북 귀족들이 정권의 냉전정책을 확대 재생산하는 앞잡이 역할을 하고 있다"라고 맹비난하기도 했다.

한마디로 '자생 공산당원'으로 의심받는 사람들로 몇몇 전·현직 국회의원과 정치권 인사들이 이 범주에 속한다. 대법원으로부터 '종북세력'으로 규정된 자들이 국회의원이 되었던 과정과 그 이후에 일어난 일련의 사건들을 통해 우리 사회는 한때 심한 충격에 빠져들었었다. 전문가들은 실제 간첩보다 국내에 자생하고 있는 이들 '슬리퍼 에이전트'가 더 무서운 존재라고 지적한다.

포화가 멎은 지 70여 년이 지났지만, 아직도 이 땅에 전쟁은 끝나지 않았다. 우리가 경제성장에 열중하면서 민생의 뿌리를 다져오는 동안, 우리 사회의 밑바닥에 폭넓게 뿌리를 내린 자생적 공산주의자들을 척결하지 않는 한, 어쩌면 앞으로 우리는 6·25보다 훨씬 더 잔인한 전쟁의 아픔을 겪어야 할지 모를 일이다.

호국영령이 지켜온 산하山河. 70여 년 만에 다시 돌아온 호국영령의 고귀한 죽음을 결코 헛되게 만들어서는 안 된다. 윤 대통령도 "참전용사들의 우정과 헌신을 대한민국은 영원히 잊지 않고 기억할 것"이라고 약속했다.

한恨 맺힌 산하山河가 흘리는 눈물 때문일까? 이 땅의 높고 푸른 하늘도 해마다 6월이 되면 늘 그렇게 뿌옇기만 하다.

가슴 시린 6월은 또 그렇게 저물어 간다.

# 좋은 이웃

**먼 친척보다 가까운 이웃이 낫다.**

고위 관리였던 송계아宋季雅는 퇴직한 후의 생활을 염두에 두고 자신이 살 집을 구하기 위해 여러 곳을 다니며 물색하고 있었다. 마침내 송계아는 여승진呂僧珍이라는 사람이 사는 이웃집을 천 백만금이라는 큰돈을 주고 사서 이사를 했다.

큰돈을 주고 집을 샀다는 이야기는 금세 소문이 났고 이웃 집주인 여승진의 귀에도 들어갔다. 이를 두고 사람들은 의아하게 생각했다. 고작 백만금의 가격에 불과한 집을 천만금이나 더 주고 사들였기 때문이었다.

새로 산 집으로 이사를 마친 송계아가 이웃집 여승진에게 인사를 하기 위해 방문하자 여승진이 물었다.

"허름한 주택인데 왜 그렇게 큰돈을 주고 이사하셨습니까?"

송계아는 웃으면서 대답했다.

"백만금은 집값이고 나머지 천만금은 당신과 이웃이 되기 위한 값으로 낸 것입니다[百萬買宅 千萬買隣]."

당시 여승진은 성실하고 겸손한 사람으로 덕망이 높았다. 송계아는 좋은 이웃을 만나기 위해 프리미엄으로 천만금을 낸 것이다. 좋은 집의 조건은 다양하지만, 송계아의 집을 고르는 가장 중요한 조건은 좋은 이웃이었다. 중국 남북조시대를 기록한 『남사南史』에 실린 이 고사에서 유래한 말이 '거필택린居必擇隣'이다.

예로부터 "사는 곳을 정할 때는 반드시 이웃을 가리라"라는 말이 있다. 옛 어른들은 좋은 이웃을 가까이하기 위해 송계아처럼 집값의 열 배를 더 내고도 아까워하지 않았다. 그만큼 인간관계에 있어 소통과 공감을 중시했다는 것을 보여주는 일화다.

우리 속담에 "먼 친척보다 가까운 이웃이 낫다"라는 말이 있다. 『명심보감』「성심편省心篇」에도 "먼 곳에 있는 물은 가까운 불을 끄지 못하고, 먼 곳에 있는 친척은 이웃만 못하다[遠水不救近火 遠親不如近隣]"라고 하여 그 뜻을 명확히 하고 있다.

문재인 전 대통령이 퇴임 후 자리 잡은 경남 양산의 평산마을. 45가구에 주민 수 100명이 채 되지 않은 작은 시골 마을이 세상의 이목을 끌고 있다. 사저로 이르는 도로에는 문 전 대통령의 귀향을 찬성과 반대하는 현수막이 함께 걸려 있고, 일부 보수단체들은 연일 문 전 대통령 귀향을 반대하는 집회를 계속하고 있다.

문 전 대통령은 "이제 완전히 해방된 자유인으로서 평산마을 주민들과 농사도 함께 짓고, 막걸릿잔도 나누고, 경로당도 방문하며 잘 어울리면서 살아보겠다"라고 했다. 그러나 조용하고 평화롭던 마을 분위기를 아쉬워하며 불편을 호소하는 주민들이 늘어나는 건 그가 좋은 이웃으로 자리 잡기에는 쉽지 않은 부분임을 말해준다.

흔히 사람들은 살아가면서 누구와 함께하느냐가 행복과 기쁨을 좌우한다고 말한다. 이웃과 좋은 관계를 유지하는 방법에 특별한 왕도가 있을 수 없다. 그저 평소 평범한 일상에서 만나는 이웃과 소통하며 매사에 충실하고 성실함을 보여주며 좋은 관계를 유지하는 것이 기본이다.

내 주변에 진실로 좋은 이웃을 가졌다면 성공한 삶이라 할 수 있다. 그렇다면 "지금 나는 내 이웃에게 좋은 이웃인가?", 또 "내 이웃은 내게 얼마나 좋은 이웃인가?"라는 물음으로 자신의 모습을 돌아볼 필요가 있다.

문 전 대통령은 자신의 고향도 아니고 특별한 연고도 없는 양산의 평산마을 주민을 이웃으로 하기 위해 어떤 노력을 했을까? 그리고 마을주민들은 새로 이사 온 그를 어떤 이웃으로 평가하고 있을까?

세상의 향기 중에 가장 좋은 향기는 '사람이 내는 향기'라 했다.

그래서 예로부터 "꽃이 내는 향기는 백 리를 가고[花香百里], 술이 내는 향기는 천 리를 가고[酒香千里], 사람의 향기는 만 리를 간다[人香萬里]"라고 했다. 뭐니 뭐니 해도 사람에게서 나는 향기[人香]가 최고라는 말이다.

사람의 향기는 그 사람이 마음속에 무엇을 품고 있느냐에 달렸다. 자기 내면에 가지고 살아가는 꽃[人花]의 유형에 따라 품어내는 향기도 저마다 다르기 때문이다. 우리는 그 사람에게서 나오는 향기를 일러 '인품人品'이라고 한다. 잘 익은 술 향기도 좋지만, 꽃향기와 함께 무엇보다도 내 이웃을 편안하게 만들어주는 사람의 향기가 널리 퍼졌으면 좋겠다.

꽃향기 가득한 집 주변을 걸으며 상념에 잠긴다. 사람의 향기가 더 그리운 계절이다. 나는 지금 내 이웃에게 어떤 향기를 내며 살아가고 있을까?

# 챈스 일병과 화랑 관창

## 순직한 영웅보다 불법시위로 다친 자들이 더 관심 받는 세상

칠흑 같은 어둠이 이어진다. 요란한 총성과 폭음 속에서 누군가가 "펠프스가 당했다"고 소리친다. 화면이 서서히 밝아지고 해병 전사 두 명이 챈스 펠프스 일병의 고향 집 앞에 서 있다. 그의 전사를 통보하러 온 것이다.

2004년 4월 9일 이라크에서 전사한 19세의 미 해병대원 챈스 Chance Phelps 일병의 유해 운구 과정을 그린 영화 '챈스 일병의 귀환Taking Chance'은 그렇게 시작된다.

군 수송기에서 내려진 그의 유해는 전문가들에 의해 정성스럽게 수습되고 준비된 해병대 정복이 입혀진다. 경건한 의식이 끝나고 그의 유해가 운구 책임자에게 인계되어 민간 비행기에 오르는 순간, 공항 관계자 모두가 경의를 표한다. 항공사도 운구 책임자에게 일등석을 배정해준다.

비행기가 몬태나 공항에 착륙할 무렵, 기장은 기내 방송을 한다. “우리는 해병 전사자 유해와 함께 비행하는 영광을 누렸다. 운구를 위해 잠시 자리에 머물러 달라.” 승객들은 챈스 일병의 유해가 내려질 때까지 모두 자리에서 일어나 옷깃을 여미며 지켜본다. 트랩을 내려온 승객들은 그의 유해 앞에 경의를 표하며 지나간다.

공항에서 챈스 일병의 고향 와이오밍까지는 육로로 이송된다. 성조기가 덮인 장의차를 알아본 차량이 라이트를 켜고 예의를 표한다. 트레일러 운전사는 앞에서 길을 열고 민간 차량은 예의를 표하는 라이트를 켠 채 묵묵히 꼬리를 물며 뒤를 따른다. 텅 빈 도로에는 장의차를 추월하는 차량이 없다.

마침내 그의 유해가 고향에 도착하자 기다리고 있던 마을 주민 모두가 나와 따스하게 맞아준다. 운구 책임자는 챈스 일병의 유품을 유가족에게 정중히 전달하면서, 고향까지 오는 모든 여정이 존엄하고 경건했고 명예로웠음을 고한다.

예포와 함께 장례가 시작되고 의장대가 관 위에 덮인 성조기를 삼각으로 접어 챈스 일병의 어머니에게 전한다. “미합중국 대통령과 해병대 사령관은 미합중국을 대신하여 아드님의 조국에 대한 충성심의 증표로 이 성조기를 바칩니다”라는 말과 함께.

영화는 감정을 자극하지도, 과장되지도 않아 더 가슴을 먹먹하게 만든다. 대사도 없이 담담하게 진행되는 다큐멘터리 같은 장면에는 미국인들이 전사자에 대해 느끼는 미안함과 고마움이 관통하고 있다.

2012년 10월 29일, 사상 최악의 허리케인인 '샌디Sandy'가 미국 버지니아주를 강타했던 그 날, 언론에 보도된 사진 한 장이 혼란과 혼돈에 빠진 미국을 위로해 주었다. 사진 속에는 워싱턴 알링턴 묘지에서 무명용사의 묘를 지키는 병사들이 살인적 폭풍우 속에서도 꿈쩍도 하지 않고 비바람을 고스란히 맞으며 자기 자리를 지키는 장면이 들어 있었다. 이 부대는 그 밑에 "우리는 1948년 4월 1일부터 하루 24시간, 1년 365일, 비와 바람과 눈과 태풍에도 이 묘지를 지키고 있다"라고 썼다.

영국의 웨스트민스터 사원에는 역대 왕을 비롯하여 호국영웅 3,000여 명이 잠들어 있다. 하지만 영국인들이 가장 성스럽게 여기는 곳은 제1차 세계대전 전사자를 안치한 정문 바닥에 있는 '무명용사 묘'다. 이 무덤은 방문객들이 유일하게 밟을 수 없는 성역이다. 러시아 모스크바 붉은 광장의 무명용사 묘지는 결혼식을 마친 러시아 젊은 신혼부부들이 가장 먼저 찾는 장소로 유명하다. 광장의 횃불은 단 한 번도 꺼진 적 없이 지금도 불을 밝히고 있다.

오랜 역사를 가진 우리에게도 이런 소재는 많다. 그러나 우리 사회가 풀어내는 방식은 그것과는 다소 거리가 있다. 2016년 9월 26일, 한미연합해상훈련 중 링스헬기가 추락하여 탑승자 3명이 순직했다. 영결식장엔 비통함이 가득했지만, 그날도 언론에는 순직한 군인들의 죽음보다는 시위 도중 사망한 농민에 관한 보도가 더 많았다. 당시 국회 보건복지위원회 국정감사장에서는 야당 의원들이 바로 며칠 전 훈련 도중 희생된 이들 군인에 대해서는 한마디 언급도 하지 않고, 사망한 농민에 대해 추모 묵념을 제안하면서 시작부터 파행을 겪었다.

미국은 향군성보훈처이 정부 부처 가운데 두 번째로 크다. 전사자 유가족도 '골드 스타 패밀리스Gold Star families'로 대우받는다. 우리는 어떤가? '군대에 가서 몇 년씩 썩지 말자.'라고 하면서 군 복무 기간을 단축했던 전직 대통령은 박수를 받고, 나라를 지키다 순직한 영웅보다 불법시위를 하다 다친 자들이 더 관심을 받는 세상이 되었다.

국가를 위해 희생된 전사자를 영웅으로 받들며 팔관회를 열어 그 유가족을 국가에서 위로하고 책임지는 사회. 백성 모두가 그들을 자랑과 긍지로 여기는 사회적 분위기 속에서 관창官昌과 반굴盤屈 같은 화랑이 나타날 수 있었다. 한반도 동남쪽 귀퉁이 작은 경주 들판에서 일어난 신라가 온갖 열악한 환경을 극복하고 삼국을 통일하고 한반도의 주역으로 등장할 수 있었던 이유로, 김춘추의

탁월한 외교 전략만으로는 설명할 수 없는 이유가 바로 그것이다. 그러나 애국가 제창과 국기에 예의를 표하는 의식조차도 논란이 되는 오늘날 우리의 현실에서는 먼 나라의 이야기로 느껴진다.

그래도 아직 희망이 있다. 태풍 속에도 자신의 발목이 부러졌지만 끝까지 구조 밧줄을 놓지 않은 해경, 긴급출동해서 인명을 구조하다가 급류에 희생된 젊은 소방대원의 안타까운 사연도 있었다. 위험한 상황에서도 끝까지 제자리를 지키는 이런 영웅들을 존중하는 사회적 분위기를 조성하지 않는 한, 대한민국은 결코 바로 설 수 없다.

광복절 아침에 나라를 위한 희생의 의미를 생각하며, 관창과 반굴 같은 훌륭한 화랑을 배출하여 삼국통일을 달성했던 신라 사회의 저력을 다시 한 번 떠올려 본다.

# 백비白碑 앞에 서서

**자고 일어나면 또 다른 구린내가 온 산천을 뒤덮고 있다.**

전라남도 장성군 황룡면 금호리 호사마을의 야트막한 능선 소나무 숲속에는 낯선 비석이 서 있는 무덤 한 기가 있다. 호패처럼 생긴 비석 어디에도 글자가 새겨져 있지 않아서 찾는 이들의 궁금증을 자아낸다.

이 무덤의 주인공은 바로 조선 명종 때 청백리로 유명한 박수량朴守良이다. 1513년중종 8에 진사가 되었고 이듬해 문과에 급제한 후 벼슬길에 나아가 나주목사, 좌찬성, 경기도관찰사, 호조판서 등을 두루 역임하고 지중추부사 재임 중에 병을 얻어 64세의 일기로 생을 마감했다. 공직생활 38년 동안 가는 곳마다 많은 치적을 쌓아 백성으로부터 훌륭한 목민관으로 존경받았다. 그는 두어 칸 집한 채 없이 평생을 살았고, 죽은 뒤에도 남은 양식이 없어 가족들이 장례조차 치를 수 없었을 정도였다.

명종이 그 사실을 보고받고 슬퍼하면서 "그의 청백한 이름은 이미 세상에 알려진 지 오래다" 하고 장례를 후하게 치를 것을 지시했다. 또, 서해의 돌을 골라 비석을 만들되, 비석에는 한 글자도 쓰지 말라고 했다. 다만, 그의 맑은 덕을 기리는 의미에서 '백비白碑'라고 부르도록 하였다[명종실록 1554년 1월 19일 조]. 오늘날 사람들이 이 비석을 일러 '백비'라 부르게 된 유래다.

연산군 때 사간司諫이었던 정붕鄭鵬은 왕의 미움을 받아 영덕으로 귀양 갔다. 반정으로 왕위에 오른 중종은 그의 인품을 높이 사 다시 관직에 등용하려고 여러 차례 불렀으나 응하지 않았다. 그러다가 영의정 성희안成希顔이 그를 찾아 왕의 뜻을 전하며 간곡하게 권하자 마침내 이를 받아들여 청송부사에 임명되었다. 두 사람은 어려서부터 친하게 지낸 죽마고우였다.

어느 날 성희안이 청송 땅에서 나는 잣과 꿀이 별미라는 말을 전해 듣고 정붕에게 편지를 보내 안부를 물으면서 청송의 특산물인 잣과 꿀을 좀 보내달라고 했다. 얼마 후 정붕으로부터 답장이 왔다.

"잣나무[栢]는 높은 산봉우리에 있고 벌꿀[蜜]은 백성들의 벌통 속에 있는데, 부사로 있는 자가 어떻게 그것을 얻을 수 있겠는가

[栢在高峰絶頂 蜜在民間蜂筒中 爲太守者 何由得之]."

예나 지금이나 사회를 이끌어가는 근간이 되는 공직사회의 청렴도는 그 시대 백성들의 삶의 질을 알려주는 척도라고 한다. 그래서 왕은 훌륭한 인재를 선발하기 위해 여러 가지 제도적 장치를 동원했다. 국가고시인 과거는 물론이요. 음서蔭敍까지 활용했다. 공직사회가 맑아야 국가의 기강이 흔들리지 않기 때문이다. 세상이 아무리 혼탁하고 어지러워도 그나마 유지되었던 이유는, 우리 사회 곳곳에 이런 몇몇 청백리들이 있었기 때문이었다.

늘 그래왔듯이 정권이 바뀌면 세상이 뿌리부터 바뀐다. 물이 빠지면 저수지 바닥에 있던 돌이 그 본래 모습을 드러내듯이, 지난 정권의 면면은 조사하는 과정에서 세상 밖으로 진상이 하나둘 밝혀지기 마련이다.

우리 사회 전반에 퍼져있던 지난 정부의 부정부패와 적폐 사례가 알려진 것만 해도 겹겹이 쌓여있다. 어제는 맞는다고 우겼는데 오늘 와서 보니 잘못된 것들이 한둘이 아닌 형국이다. 이렇게 불법과 적폐가 드러나는데도 제대로 수사해서 밝혀내지 않으면 오히려 정치권에 대한 불신만 늘어날 뿐이다.

공직사회의 청렴과 진정성이 의심받는 사회는 결코 우리가 바라는 세상이 아니다. 공직사회의 부패는 그 뿌리가 깊고 구조적인 측면이 강하기 때문에 정부는 발본색원할 때까지 지속적이고 강도 높은 사정에 나서야 한다. 영구 퇴출과 같은 극약처방 없이는 비리를 뿌리째 뽑아낼 방법은 없다. 좀 더 깨끗하고 투명한 사회로 나아가기 위한 제도적인 대책이 필요한 시기이다. 규제를 없애고 권한을 분산하는 등의 획기적 대책도 나와야 하는 이유다.

자고 일어나면 또 다른 구린내가 온 산천을 뒤덮고 있다. 이 시기에 우리는 청렴한 선비정신을 가진 그때 그 인물들이 그리워진다.

"우리 집안에 길이 전할 것은 오직 청백淸白이니, 대대로 서로 이어 끝없이 전하라[吾家長物惟淸白 世世相傳無限人]."

사회를 이끌어가는 공직자의 위치에 있는 분이라면, 조선 세종 때 청백리 유관柳寬이 그의 자식들에게 남긴 이 유훈을 기억할 일이다.

오늘, 나그네는 여행지의 시골 작은마을 야트막한 능선 소나무 숲속에 외롭게 서 있는 백비 앞에 섰다. 생을 마치는 순간까지 청렴한 공직자로 역사에 이름을 남긴 청백리 박수량이 지녔던 목민관의 참뜻을 새긴다.

## 상산常山의 솔연率然처럼

**지금 우리에게 필요한 것은 위기관리 능력이다.**

솔연率然이라는 뱀이 있다. 중국의 오악五岳 가운데 하나인 상산常山에만 살면서 영원히 죽지 않는다는 전설 속의 뱀이다. 솔연은 행동이 대단히 민첩하고 성질 또한 몹시 사납고 용맹스럽다고 한다. 싸움에서도 지는 법이 없다. 상대가 머리를 때리면 꼬리를 들어 반격하고 꼬리를 공격하면 머리를 틀어 반격한다. 허리를 공격하면 머리와 꼬리가 동시에 달려들면서 반격을 가한다. 그래서 솔연은 적과의 싸움에서 절대로 지지 않는다.

손자孫子는 "용병에 능숙한 자는 솔연처럼 부대를 지휘한다[善用兵者 譬如率然]"라고 했다. 용병을 잘하는 지휘관은 군대를 마치 솔연과 같이 만들어 조직력과 협동심, 그리고 뛰어난 순발력으로 일

사불란하게 움직일 수 있도록 만든다. 아무리 좋은 무기가 있어도 결국 전쟁에서 승리하는 요인은 병사들의 똘똘 뭉친 일체감이기 때문이다.

'손자병법'은 오늘날까지 인류 최고의 전투 교범으로서 역사상 어떤 전쟁을 막론하고 현장에서 지휘관들에게 그 탁월한 지혜를 전수해 주었다. 춘추시대 초기에 양쯔강 유역의 작은 오吳나라를 여러 나라가 두려워하게 된 이유는 손무孫武라는 탁월한 군사 지도자가 있었기 때문이라는 데에는 이견이 없다.

나라 안팎이 너무 뒤숭숭하다. 낸시 펠로시 미연방 하원의장의 대만 방문을 둘러싼 미국과 중국의 날 선 공방을 지켜보면서, 사람들은 이런 상황이 앞으로 한반도 정세에 미칠 영향에 대해 신경을 곤두세우고 있다.

대만 방문을 마친 펠로시 의장이 우리나라를 방문하면서 정부나 국회 측 인사가 영접하지 않은 것을 놓고 홀대 논란도 제기됐다. 게다가 대통령이 그녀를 만나지 않은 것을 두고, 한미 동맹을 강조했던 새 정부가 초반부터 외교적으로 오락가락하는 모습을 보인다는 비판도 거세다.

그러나 우리를 더 불안하게 만드는 것은 요즘 같은 국가 비상사태에 준하는 긴급한 상황에서 정치권이 전혀 제 기능을 하지 못하고 있다는 것이다. 동북아시아를 둘러싼 외교 전쟁이 긴박하게 돌아가는데도, 정부와 국회가 제대로 대응하지 못하고 여야 할 것 없이 권력 다툼에만 몰두하고 있으니 불안하기 짝이 없다. 지금 우리나라는 어디로 가고 있는가?

항우項羽는 전장에 도착해 3일분 식량만 지급하고는 병사들이 보는 앞에서 밥 지을 솥을 깨뜨리고, 돌아갈 때 타고 갈 배를 부숴 버렸다. 살아 돌아오기를 기약하지 않고 죽기를 각오하고 싸우겠다는 결연한 의지를 보인 것이다. 병사들은 이제 돌아갈 배도 없고 밥을 지어 먹을 솥마저 없는 절박한 상황이 되고 말았다. 병사들은 죽을힘을 다해 싸웠다. 절망적인 상황을 극복하고 싸움에서 승리한 청년장수 항우는 마침내 제장諸將의 맹주가 되어 영웅으로 떠올랐다. '거록전투巨鹿之戰'라고 불리는 고사에서 유래된 '파부침주破釜沈舟'는 오늘날 우리에게 시사하는 바가 크다.

나라 전체가 어려움에 처한 지금, 우리에게 필요한 것은 위기관리 능력이다. 어려움이 닥쳐도 믿는 구석이 있다고 생각하는 조직은 위기 때 좋은 성과를 내기 어렵다. 전쟁에서 져도 도망갈 배가 있고, 식량이 있다고 생각하는 조직이 죽음을 무릅쓰고 싸울 리는 만무하다. 위기에서는 조직 구성원의 일체감이 중요하다. 여기서 지면 끝이므로 반드시 목숨을 걸고 싸워야 한다고 생각하는 조직만이 전쟁에서 승리한다.

가족이 똘똘 뭉쳐 있는 가정은 어떤 어려움도 극복해 나갈 수 있다. 마찬가지로 노사勞使가 하나로 뭉쳐 꿈을 공유하는 회사도 절대 망하지 않는다. 맹자는 "나라가 망하는 건 기상 조건인 천시天時도, 지형적 이점인 지리地利도 아니다. 바로 조직의 화합[人和]이 깨지기 때문이다[天時不如地利 地利不如人和]"라고 말했다. 즉, 아무리 철옹성 같은 요새라 하더라도 그 요새를 지키는 이들의 정신적 일체감이 없으면 오래가지 못한다는 것이다.

정부 지지율이 좀처럼 회복할 기미가 보이지 않는다. 정권 말기에도 이런 지지율을 보기 어렵다는 점에서, 국민은 새 정부가 왜 상황이 이렇게까지 되도록 놔두는지 이해하지 못하고 있다. 장관 몇몇을 둘러싼 인사 문제와 경찰국 창설을 둘러싼 매끄럽지 못한 구조조정 논리, '검찰 공화국'이라고 비아냥거리는 저잣거리의 입방아를 모르쇠로 일관하는 등, 전 정권과 다를 바가 없는 소통 부재가 심각한 수준인데도 말이다. 내부 권력 다툼에 매몰되어 바깥세상이 어떻게 돌아가는지 상황 파악을 못 하고 있으니 안팎으로 비난받는 것은 당연하다.

그래도 늦지 않았다. 위기 상황을 벗어날 대안을 제시하고 우리 특유의 국민적 응집력에 불을 붙여라. 상하가 한마음으로 뭉쳐 있다면 누가 우리를 두려워하지 않겠는가. 싸움에서는 절대로 지지 않는다는 상산常山의 솔연率然처럼. 눈을 크게 뜨고 현실을 바로 보자. 우리가 죽을힘을 다해 싸워야 할 상대는 나라 밖에 있다.

# 소통의 리더십

## 진정한 리더는 노력하고 섬기는 자

전국시대 제齊나라는 7웅 가운데서도 강국에 속했지만, 위왕威王, B.C.359~B.C.329이 즉위할 즈음에는 이미 국력이 많이 기울어져, 강대국은커녕 나라의 안위安危를 걱정해야 할 지경이었다. 위왕은 추기鄒忌라는 자를 재상으로 발탁하여 개혁 정치에 시동을 걸었다. 어느 날 추기는 위왕에게 다음과 같이 말했다.

"지금 제나라는 사방 천 리에 120여 개의 성을 가진 대국입니다. 그런데 지금 상황을 보면 왕의 측근으로서 왕께 아부하지 않는 자가 없습니다. 이 때문에 왕께서는 어떤 일의 진상을 알고 싶어도 제대로 알기 매우 어렵습니다. 바로 이런 자들 때문에 지금까지 왕께서는 바른 소리를 들을 수 없었습니다."

이 말을 들은 위왕은 크게 깨달은 바가 있어 다음과 같이 명령을 내렸다.

"내 앞에서 내 잘못을 지적하면 상등上等 상을 주고, 상소를 올려 간언諫言하면 중등中等 상을 주고, 저잣거리에서 내 욕을 해서 내 귀에 들어오면 하등下等 상을 주겠노라."

신하들은 이 말을 듣자마자 간언을 하려고 다투어 입궐하기 시작했다. 몇 개월이 지나도록 간언하려는 사람들이 끊이지 않으면서 궁궐의 문 앞과 뜰에는 마치 시장이 열린 것과 같이 많은 사람으로 붐볐다. 주변 나라 백성들도 이 소문을 듣고 제나라 위왕을 알현하기 위해 찾아왔다. 그렇게 1년여가 지나자 위왕의 잘못을 지적하는 간언들이 완전히 사라졌다. 위왕이 자신을 비판하는 목소리에 충실히 귀를 기울여 즉시 잘못을 바로잡았기 때문이었다.

찾아오는 사람이 많음을 비유하는 '문정약시門庭若市'라는 고사성어의 유래이다. 『전국책戰國策』「제책齊策」에 실려 있다. 요즘에는 주로 '문전성시門前成市'라고 사용하고 있다.

"진정한 리더는 노력하고 섬기는 자"라는 말이 있다. 특히 공적인 영역에서 지위가 높을수록 그 지위의 기반은 사람들의 마음을 얻는 데에 있다. 그래서 요즘 새삼스럽게 '소통의 리더십'이 화제다. 과거에는 카리스마 넘치는 독선적인 리더십이 필요했지만, 오늘날에는 달라진 세상의 흐름을 반영하는 다양한 계층의 목소리를 담아낼 수 있는 '소통communication의 리더십'이 주목을 받고 있다. 다양한 계층과 격의 없이 주고받을 수 있는 '소통의 리더십'은 오늘날 리더가 갖추어야 할 필수 덕목이 되었다.

세종대왕은 정책 실패의 원인을 다른 데로 돌리지 않고, 언제나 자신에게 두면서 책임을 다하는 모습으로 신하와 백성으로부터 신뢰를 받았다. 세종은 재임 동안 총 1,898회의 경연經筵을 하면서 신하들과 끊임없이 학문과 국정을 논의했다. 월평균 5회에 달할 정도로 자주 경연을 열었는데, 때로는 밤이 늦도록 심한 논쟁도 서슴지 않았다. 이렇듯 세종은 경연을 통해 신하들과 끊임없이 소통하면서 백성들의 소리를 들으려고 노력했다. 세종이 펼친 정치의 바탕은 곧 '소통의 리더십'이었다.

초楚나라의 대부 섭공葉公이 공자를 찾아와 물었다.

"정치를 잘하려면 어떻게 해야 합니까?"

"정치란 가까이 있는 사람들을 기쁘게 만들고, 멀리 있는 사람들이 찾아오게 만드는 것[近者說 遠者來]입니다."

섭공이 경청하면서 옷깃을 여몄다. 공자가 말을 이었다.

"군주가 그 처신을 바르게 하면 명령하지 않아도 일이 이뤄지지만, 그 처신이 바르지 못하면 아무리 명령해도 일이 이루어지지 않는 법입니다[其身正 不令而行 其身不正 雖令不從]."

이 대목에서 공자는 일갈한다.

"백성이 믿지 않으면 정치는 성립될 수 없다[民無信不立]."

이는 곧, 정치를 제대로 하는 첩경은 백성이 믿게 만드는 것이라는 가르침이다. 공자가 가르치는 '믿음'은 바로 백성들과의 '소통'인 것이다.

오늘날 리더의 몸가짐과 언행 등 모든 일거수일투족이 실시간으로 생중계되다시피 하는 상황에서 리더의 자기 수양과 성찰을 통한 적극적이고 진정한 소통의 자세는 과거 어느 때보다 훨씬 더 중요해졌다.

정치인들이 선거 때마다 저마다 던지는 출사표에서 공통으로 강조하는 말은 항상 '소통의 리더십'이다. 특히, 저마다 자신이야말로 국민과 소통해온 정치인이었음을 강조하면서, 상대 주자들은 아집과 독선의 이미지로 국민과 소통이 잘 안 되고 있음을 지적하는 식이다.

정말 그런가? 그러나 이들의 말을 곰곰이 새겨보면, 저들 스스로 그동안 저잣거리의 여론에 귀를 열지 않고, 자신의 영달과 당리당략을 위해 정치를 해왔음을 인정하는 꼴이다. 참으로 가소롭고 어이가 없다.

"초보는 큰 그림만 보지만 대가大家는 작고 섬세한 것으로 승부를 건다"라는 말이 있다. 적어도 오늘날 스스로 우리 사회를 이끌어 가려는 욕심을 내는 리더라면 큰 그림만 강조하는 초보 리더의 수준을 넘어, 국민에게 비전과 믿음을 주면서 사회통합을 위한 작고 섬세한 기본적인 부분에 승부를 걸어야 할 것이다. 추기와 같은 신하가 보기 힘들어진 요즈음에는 더 말할 나위도 없는 일이다.

# 사람을 얻는 자, 천하를 얻는다

**결론은 하나다. 인사人事가 만사萬事다.**

숭정崇禎 17년1644 음력 3월 18일 밤, 반란군 이자성李自成의 군대가 수도 베이징으로 향하고 있다는 소식을 들은 명明나라 마지막 황제 숭정제崇禎帝는 세 아들을 변장시켜 피신시키고, 비빈妃嬪과 공주公主는 반란군의 손에 욕보이지 않게 하려고 자신의 손으로 죽였다.

다음날 새벽, 마침내 반란군이 베이징을 점령하고 자금성으로 향했다. 숭정제는 급하게 내관을 시켜 관병官兵과 대신大臣들을 소집하는 종鐘을 울렸으나 아무도 나타나지 않았다. 관병은 이미 항복했고 대신들은 도망쳐 아무도 없었다.

오로지 환관宦官 왕승은王承恩만이 그의 옆에 남아 있었다. 숭정제가 피신하려고 하자 왕승은은 모욕을 당하지 말고 차라리 자결할 것을 권유한다. 마음을 고쳐먹은 숭정제는 황제복으로 갈아입고 왕승은이 안내하는 대로 경산景山에 올랐다. 그리고 역대 황제들의 위패를 모신 수황정壽皇亭 누각 앞의 홰나무[槐木]에 목을 맸다.

그는 다음과 같은 내용의 유서를 남기고 떠났다.

"황제로 즉위한 지 17년, 짐朕의 덕이 없음을 하늘이 꾸짖는구나. 모두 신하들이 짐을 그릇되게 만들어서 이렇게 된 것이다. 내 죽어서 선조들을 볼 낯이 없구나. 내가 죽거든 황제 관冠을 벗기고 헝클어진 머리로 수치스러운 얼굴을 덮어다오."

마지막 순간까지 그를 보필했던 왕승은 역시 그를 따라 목숨을 버렸다. 그러나 그의 원망대로 명나라가 과연 황제를 올바로 보좌하지 못한 인재가 없어서 망했을까?

물론 아니다. 의심이 많았던 그는 신하들을 잘 믿지 않았을 뿐 아니라, 성격도 너그럽지 못해 수많은 인재를 죽음으로 내몰았다. 17년 재위 동안 내각의 각료를 무려 50여 명이나 교체했을 뿐만 아니라, 간신들의 모함에 속아 변방에서 청淸나라의 침입에 맞서 악전고투하며 잘 막아내던 원숭환袁崇煥과 같은 명장들을 불러들이고 그들의 가족까지 역적으로 몰아 죽였다.

당시 변방에서 청나라 군대와 마지막까지 싸우며 버티던 홍승주洪承疇와 조대수祖大壽 등의 명나라 장수들은 조정의 도움을 받지 못하고 고립무원의 상태에 빠졌다. 그들은 부하들을 살리기 위해

할 수 없이 항복하고 만다. 그러나 이들이 청나라에 항복했다는 소식이 전해지자, 숭정제는 그들을 배신자로 몰아 삼족三族을 처형시켰다. 국가를 위해 헌신하던 장수들은 그렇게 허무하게 멸문지화를 당했다.

반면, 청 태종은 항복한 명나라 장수들을 죽여야 한다고 목소리를 높이는 만주족 장수들의 요구를 무시하고 오히려 이들을 중용한다. 『청사고清史稿』에는 인재를 대하는 그의 태도가 다음과 같이 적혀 있다.

장수들이 불만을 나타내자 태종이 묻는다.

"우리가 비바람을 맞으며 수십 년을 고생한 것은 무엇 때문인가?"

"그야 중원中原으로 들어가기 위함이 아닙니까?"

그러자 그는 이렇게 말한다.

"우리가 이제 중원으로 들어가려 해도 장님이나 다름없다. 오늘 우리에게 길을 안내할 인재를 얻었는데 어찌 기쁘지 아니하랴. 인재를 얻고도 쓰지 않으면 어떻게 힘을 쓸 수 있겠는가[今獲一導者 吾安得不樂, 知而不擧 何以示勸]?"

훗날 홍승주와 조대수 등은 자신의 조국인 명나라 정벌에 앞잡이가 되어 혁혁한 공을 세웠다. 신하들이 자신을 망쳤다고 한탄했던 숭정제와 인재를 알고도 쓰지 않으면 어떻게 힘을 쓸 수 있겠느냐고 되물었던 청 태종. 두 사람이 가진 도량과 그릇의 차이가 승패를 결정지은 것이다.

리더가 하는 일 가운데 으뜸은 무엇인가? 바로 인재를 알아보고 그 사람을 쓰는 일, 즉 인사人事다. 그래서 예로부터 중국에서는 제왕의 인재에 관한 인식과 태도가 국가의 흥망성쇠와 직결된다고 강조해왔다. 우리나라에서도 인재 발굴과 육성을 최고의 가치로 삼고 '인재 키우기'에 전력투구한 결과, 이제는 세계적인 기업으로 우뚝 선 몇몇 기업들이 대표적인 경우다. 정상에 올랐음에도 그들은 결코 현실에 안주安住하지 않는다. 거대한 조직 전체가 살아 있는 생명체다.

국가가 아무리 민주적으로 바뀌어도 위정자가 있는 한 '인사人事'는 정치의 핵심이다. 기업을 비롯한 조직들이 아무리 시스템에 의해 움직인다고 하더라도 결국 인사가 단기적인 이익과 장기적인 조직의 수명을 결정한다. 역사 속의 고전을 통해 보면, 현명한 인재를 기용해 기강을 바로 세우고 제도를 정비하는 일이 쉽지는 않더라도, 무능하고 용렬한 사람을 써서 기강이 무너지고 민심이 동요되는 일은 쉬웠다. 그러므로 '인사人事가 만사萬事'라고 기록하지 않았던가.

요즈음과 같이 어려운 시국에 살아남기 위한 대학과 기업들의 변신을 보면서, 역사 속 왕조王朝와 인물人物들의 부침浮沈 과정을 다시 한번 돌아본다. 아무리 생각해도 결론은 하나다.

"사람을 얻는 자, 천하를 얻는다."

이름없는 꽃도 향기롭더라
이름없는 날도 봄이 되더라

石湖

# 후기

겨우내 꽁꽁 얼어붙었던 대지가 꿈틀거립니다. 매섭던 바람도 따스한 숨결을 토해내고 있습니다. 그 틈새를 비집고 새 생명들이 다투어 모습을 드러내고, 대지는 말없이 가슴을 열어 그들을 품어 줍니다. 쉬지 않고 때가 되면 반복되는 평범함의 연속이지만, 우리는 그것을 대자연의 의무로 받아들이지는 않습니다.

역사도 마찬가지입니다. 우리 일상은 어느 때를 가리지 않고 그렇게 반복하며 이어져 왔습니다. 그런 평범한 일상이 모여 역사가 되었고, 우리는 어제의 역사 속에서 오늘을 보고 내일을 기대합니다.

그동안 지면을 통해 발표했던 칼럼들을 모아 한 권의 책으로 묶어 세상에 내놓습니다. 이 글 모음을 통해 역사 속에 담긴 조상들의 지혜가 오늘을 살아가는 우리의 지혜로 되살아날 수 있기를 기대합니다.

# 고전으로 세상읽기

초판 1쇄 발행　2023년 04월 27일

글쓴이　장원섭
펴낸이　김왕기
편집부　원선화, 김한솔
디자인　푸른영토 디자인실

펴낸곳　**(주)푸른영토**
주소　경기도 고양시 일산동구 장항동 865 코오롱레이크폴리스1차 A동 908호
전화　(대표)031-925-2327　팩스 | 031-925-2328
등록번호　제2005-24호(2005년 4월 15일)
홈페이지　www.blueterritory.com
전자우편　book@blueterritory.com

ISBN 979-11-92167-18-3　03320